Gottfried Köhler

Führen von Klein- und Mittelstands- betrieben

Praktischer Leitfaden zur
- Führung
- Planung
- Organisation

UEBERREUTER

Die Deutsche Bibliothek – CIP-Einheitsaufnahme

Köhler, Gottfried:
Führen von Klein- und Mittelstandsbetrieben : praktischer Leitfaden
zur Führung, Planung, Organisation / Gottfried Köhler. –
2., aktualisierte und erweiterte Aufl., – Wien : Ueberreuter, 1998
  Früher u. d. T.: Köhler, Gottfried: Management von Klein- und
  Mittelstandsbetrieben
  ISBN 3-7064-0475-3

✳

Ich danke allen Freunden und Bekannten, insbesondere aber den zahlreichen Mitarbeitern der BANK
AUSTRIA, die mich beim Zustandekommen dieses
Buches, vor allem bei der Überarbeitung, mit wertvollen Hinweisen unterstützten.
✳
Ich widme dieses Buch meinen beiden Kindern Ines
und Clemens.
✳

S 0405   1 2 3 / 2000 99 98

Umschlag: Kurt Rendl
Illustrationen: Josef Koo
Copyright © 1998 by Wirtschaftsverlag Carl Ueberreuter, Wien/Frankfurt
Printed in Germany

Inhaltsverzeichnis

Vorwort von Horst Köhler

Die Wirtschafts- und Arbeitswelt befindet sich in einem tiefgreifenden Umbruch. Die Globalisierung der Märkte und die damit verbundene Intensivierung des Wettbewerbs erzwingen eine immer schnellere Anpassung der Unternehmen an sich ändernde Marktbedingungen. In Wirtschaft, Politik und Wissenschaft wird zunehmend erkannt, daß es dabei nicht nur auf die Herausbildung globaler Wertschöpfungsketten ankommt. Trotz oder gerade wegen der Globalisierung gewinnen mittelständisch geprägte Unternehmensstrukturen zunehmend an Bedeutung. Flexibilität, Innovationsdynamik und Kundennähe – die klassischen Stärken kleiner und mittlerer Unternehmen – sind heute mehr denn je die den Markterfolg bestimmenden Faktoren. So sind mittelständische Unternehmen seit Jahren Träger der Beschäftigung in Europa, während in Großunternehmen ein Abbau von Arbeitsplätzen zu beobachten ist. Zukunftsfähige Arbeitsplätze entstehen im Mittelstand vor allem durch innovative Existenzgründungen. Junge und innovative mittelständische Unternehmen leisten einen wichtigen Beitrag zur Erneuerung der Wirtschaftsstruktur und verbessern damit die internationale Wettbewerbsfähigkeit der Gesamtwirtschaft. Leitbild der Wirtschaftspolitik muß deshalb eine neue Kultur der Selbständigkeit sein.

In den letzten Jahren ist die Bereitschaft zu mehr Selbständigkeit und Unternehmertum wieder deutlich gestiegen. Dies zeigt sich nicht zuletzt an dem großen Zuspruch zum Gründungswettbewerb »StartUp« der Deutschen Sparkassenorganisation. Eine gute Geschäftsidee ist zweifellos ein Nukleus für den erfolgreichen Unternehmensstart. Genauso wichtig – und dies wird häufig von Existenzgründern unterschätzt – ist jedoch eine systematische, kaufmännische Vorbereitung des Gründungsvorhabens. Oftmals ist für das Scheitern einer Neugründung mangelndes betriebswirtschaftliches Know-how verantwortlich. Auch die Erfahrungen unseres »StartUp«-Wettbewerbs bestätigen, daß Gründungswillige in erster Linie mehr betriebswirtschaftliche Beratung und Unterstützung für den Schritt in die Selbständigkeit benötigen.

Das Buch von Dr. Gottfried Köhler ist ein systematischer Leitfaden für die Unternehmensgründung. Es vermittelt die für einen erfolgreichen Unternehmensstart essentiellen kaufmännischen und Führungskenntnisse und gibt potentiellen Existenzgründern umfassende Hilfestellung. Es ist damit ein wertvoller Beitrag zu einer neuen Kultur der Selbständigkeit.

Dr. Horst Köhler
Präsident des Deutschen Sparkassen- und Giroverbandes, Bonn

Vorwort von Rene Alfons Haiden

Harter Verdrängungswettbewerb, Zusammenbrechen von geschützten Marktbereichen, ständig steigende Insolvenzzahlen in der mittelständischen Wirtschaft sind knapp vor der Jahrtausendwende die wirtschaftliche Realität und bedeuten in ihrer Intensität und in ihrem Ausmaß eine besondere Herausforderung aber auch Gefahr für die gewerbliche Wirtschaft.

Gerade die herausragende volkswirtschaftliche Stellung der Klein- und Mittelbetriebe (KMU) in Österreich bzw. in der Europäischen Union zwingen sämtliche maßgeblichen Verantwortungsträger zu »konzentrierten Aktionen« auf nationaler und internationaler Ebene im Rahmen von Förderungen, Unterstützungen und Hilfestellungen, um so die unbedingt notwendige stabilisierende Wirkung der Klein- und Mittelbetriebe nicht nur im Wirtschafts- und Sozialbereich zu erhalten, sondern auch nachdrücklich zu forcieren.

Natürlich erfordert eine solche Konstellation der wirtschaftlichen Rahmenbedingungen auch seitens der Klein- und Mittelbetriebe oft sehr unangenehme, einschneidende Reorganisationsmaßnahmen. Hier wird Innovation, Flexibilität und Führungsqualität besonders gefordert.

Jeder Schritt, wenn auch noch so klein, in Richtung Veränderung bzw. Verbesserung der wirtschaftlichen Schlagkraft von Klein- und Mittelbetrieben ist daher bedeutungsvoll. Die Herausgabe der 2. Auflage des vorliegenden Buches von Dr. Gottfried Köhler ist Anlaß genug, dem Verfasser für seine klare und praxisnahe Darstellung der bei der Führung von Klein- und Mittelbetrieben immer wieder auftretenden Probleme zu danken. Die damit im Zusammenhang stehenden wertvollen Lösungsvorschläge des Autors sollen als weiterer »kleiner Schritt« im Sinne echter Impulse, eventuell sogar Verhaltensänderungen, gesehen werden.

Dr. Rene Alfons Haiden
Vizepräsident der Wirtschaftskammer Österreich

Einleitung

Dieses Buch wendet sich an all jene, die sich mit dem Gedanken der Verwirklichung ihrer Selbständigkeit tragen, gleichermaßen auch an Manager von etablierten Klein- und Mittelstandsunternehmen.

Es konnte in der Praxis beobachtet werden, daß viele dieses Personenkreises über alle technischen oder fachlich-gewerblichen Voraussetzungen verfügen, nicht aber über die zusätzlichen kaufmännischen und Führungskenntnisse, die letztlich erst den Erfolg eines Unternehmens sicherstellen. Ein Mangel an Wissen gerade darin ist es, der zu einem Scheitern von Unternehmen führt. Fehlen Kenntnisse in der Führung, Planung und Organisation ist eine Insolvenz meist »vorprogrammiert«.

Wußten Sie, daß etwa ein Viertel aller Unternehmensgründungen das fünfte Jahr ihres Bestehens nicht mehr erleben, indem sie entweder wegen Unrentabilität geschlossen, verkauft oder verpachtet werden oder gar in eine Insolvenz schlittern? Sie wollen doch anstreben, daß Sie »überleben« und die »Mittel und Wege« dafür in die Hand bekommen!?

Die Vielzahl der Insolvenzen der vergangenen Jahre hat nicht nur »Jungunternehmer« betroffen, sehr häufig schlitterten auch »alteingesessene« Klein- und Mittelstandsunternehmen in eine Insolvenz. Die Gründe lagen und liegen häufig darin, daß Methoden der Kostenrechnung und vor allem der Liquiditätsplanung nicht oder ungenügend beachtet wurden. Liquiditätslücken wurden erst dann bemerkt, als sie nicht mehr zu schließen waren. Bei jungen Unternehmen fehlte es oftmals schon beim Start an ausreichender Liquidität für die Anlaufphase.

Die geringen Margen, von denen auch Klein- und Mittel-

standsunternehmen im Zuge der Globalisierung der Wirtschaft betroffen sind, führen zu einem sehr begrenzten Spielraum zwischen Erfolg und Mißerfolg. Damit läßt sich auch ein einmal entstandener größerer Mißerfolg nur sehr allmählich in einen Erfolg umwandeln, weil im allgemeinen die Potentiale des Erfolgs kleiner geworden sind als die des Mißerfolgs.

Den Erfordernissen der Kostenrechnung und einer Planung der Liquidität wurde daher in der Neuauflage ein breiterer Raum gewidmet.

Die überwiegende Literatur für Jungunternehmer oder für Unternehmer von Klein- und Mittelstandsbetrieben beschäftigt sich vorwiegend mit Fragen der Bereitstellung von Finanzmitteln und der rechtlichen Bildung von neuen Unternehmen. Hinsichtlich des operativen Vorgehens bei der Führung, Planung und Organisation von

Klein- und Mittelstandsbetrieben ist die Literatur sehr spärlich. Vor allem fehlt es an zusammengefaßten, leicht verständlichen Gesamtdarstellungen, in denen in die Problemkreise der Unternehmensstrategie, des Marketing, der Werbung, Produktion, Organisation und finanziellen Planung eingeführt wird. Wissenschaftliche Darstellungen mit ihrer Ausführlichkeit, meist nur in den einzelnen Spezialdisziplinen erhältlich, können die diesbezüglichen Informationsansprüche dieser Zielgruppe nicht erfüllen.

Führen läßt sich ein Unternehmen nur dann, wenn bei einer Planerstellung für das Unternehmen nach logischen Gesichtspunkten und bei der Umsetzung dieses Planes entsprechend organisiert vorgegangen wird.

Dieses Buch ist für den Praktiker geschrieben worden. Es soll sich gleichermaßen auf Handels- Produktions- und Dienstleistungsbetriebe beziehen, wobei behandelte Themenbereiche, die in dem jeweiligen Zweig nicht relevant sind, bei der Durcharbeitung ausgelassen oder im Einzelfall auch selbständig adaptiert werden können.

Die behandelten Themen werden in Einzelparameter gegliedert, die dann wiederum in Tabellenform zusammengefaßt einen Überblick über die Situation des Unternehmens geben. Darauf aufbauend läßt sich dann leicht ein Geschäftsplan für alle zu treffenden Maßnahmen entwickeln, der ein strukturiertes weiteres Vorgehen im Sinne einer kontinuierlichen Unternehmensentwicklung zuläßt. Wesentlicher Teil des Geschäftsplanes ist dabei der Finanzplan, wird dessen Beibringung durch das Unternehmen doch zunehmend von Bank- und Kreditinstituten als Voraussetzung für die Gewährung oder Verlängerung von Krediten verlangt. Damit soll Insolvenzen vorgebeugt und die Fortführung eines Unternehmens sichergestellt werden. Die Schiene zum Erfolg ist damit gelegt – eine Erfolgs*garantie* kann es freilich niemals geben.

Handeln Sie planmäßig strukturiert anstatt chaotisch. Denn sind Sie bereits im Chaos, dann bleibt für ein planmäßig strukturiertes Vorgehen keine Zeit mehr.

Kapitel A

Fragestellungen am Beginn

1. Beweggründe für die Gründung und Führung eines Klein-/Mittelstandsbetriebes

Die Beweggründe, Motive oder Ursachen, aufgrund derer jemand ein Klein- oder Mittelstandsunternehmen führt oder gründet, sind vielfältig und in ihrer Ausprägung oft gegensätzlich. Manchmal treffen auch mehrere Gründe gleichzeitig zu.

Nennen wir diesen »Dompteur« des Unternehmens in Zukunft einfach »Unternehmer«, gleichgültig ob er am Unternehmen ganz oder teilweise beteiligt ist oder als angestellter Manager ein Unternehmen führt. Denn auch der angestellte Manager, der dem Unternehmen selbst kein Kapital zur Verfügung gestellt hat, muß mit den Beweggründen und Motiven des Eigentümers übereinstimmen, muß sich diese zu eigen machen. Nur so kann er seine Tätigkeit im Sinne des Eigentümers ausüben.

Beweggründe können sein:

1. *Streben nach Profit:* Der Gewinn des Unternehmens soll kontinuierlich gesteigert werden.

2. *Streben nach Unabhängigkeit, Eigenverantwortlichkeit und Selbstverwirklichung:* Glaube an einen größeren Entscheidungsspielraum und daher verbesserte Selbstverwirklichung.

3. *Wille nach Umsetzung einer bestimmten Geschäftsidee, Verwirklichung einer Vision:* Eine Geschäftsidee läßt sich nur in einem eigenen, neuen Unternehmen verwirklichen.

Die visionären Unternehmensgründungen des Silicon Valley zu Beginn der achtziger Jahre gelten als das bekannteste Beispiel für Unternehmungen, die eine Vision erfolgreich umsetzen konnten.

4. *Übernahme eines Familienbetriebes:* Ein traditionsreiches Fami-

lienunternehmen soll weitergeführt, seine Substanz erhalten und eventuell später an Nachkommen übergeben werden.

5. Prestige: Man vermeint, als Unternehmer ein höheres Prestige zu besitzen.

6. Lösung eines Arbeitslosigkeitsproblems: Auf dem Arbeitsmarkt werden keine Unterbringungsmöglichkeiten gesehen, weshalb ein eigenes Unternehmen gegründet wird.

7. Erzielung einer höheren Lebensqualität: Die spezifischen Fähigkeiten, Interessen und Kenntnisse eines Unternehmers erlauben einen gezielten Einsatz für das Unternehmen, was gleichzeitig wiederum zu großer persönlicher Freiheit und Lebensqualität führt oder zumindest so empfunden wird. Lebensqualität kann trotz eines hohen Arbeitszeitaufwandes bestehen, es kommt immer auf das subjektive Empfinden des einzelnen an. Viele Selbständige beurteilen ihren Arbeitsaufwand höher als in einem Angestelltenverhältnis, sie empfinden aber subjektiv eine höhere Lebensqualität.

Gerade dieses letzte Motiv bedarf der Erklärung anhand eines Beispiels: Ich kenne einen Unternehmer eines Dienstleistungsbetriebes, der die Kenntnisse auf seinem Fachgebiet aus Interesse laufend erweitert, und zwar in einem wesentlich größeren Ausmaß, als es zur Führung seines Unternehmens unbedingt notwendig wäre. Wissenserweiterung stellt für ihn Lebensqualität dar. Die Erzielung »seiner« Lebensqualität in Form von Wissenserweiterung ist diesem Unternehmer wichtiger als Profitmaximierung.

Es ist nun wesentlich, sich über die zutreffenden Beweggründe, Motive und Ursachen des Unternehmerdaseins im klaren zu sein, da sich daraus in der Folge viel leichter die langfristigen Zielsetzungen des Unternehmers ableiten lassen. All die Gründe schwingen nämlich auch stets bei allen operativen Detailentscheidungen und Maßnahmen irgendwie im Hinterkopf des Unternehmers mit. – So wird zum Beispiel ein Unternehmer, der sein Ziel in der persönlichen Unabhängigkeit und Selbständigkeit sieht, ein Unternehmen anders führen wollen als jener, dessen Hauptziel in der Gewinnmaximierung liegt. Letzterer wird vermutlich rastlos, unter Vernachlässigung seiner persönlichen Gesundheit und seiner Lebensqualität, eine Vergrößerung anstreben, während ersterer bloß auf eine solide Absicherung des Bestehenden ausgerichtet ist.

So unterschiedlich die Beweggründe, Motive und Ursachen der einzelnen und die sich daraus ergebenden Ziele auch sein mögen, so sollten wir sie doch vom ethischen Standpunkt gleichberechtigt akzeptieren. Mit jedem dieser Ziele läßt sich ein Unternehmen erfolgreich führen, wenn man »Erfolg« als die Realisierung der Zielsetzung versteht.

Versuchen Sie nun, die Beweggründe, Motive, Ursachen, die Ihrer Tätigkeit im/für das Unternehmen zugrunde liegen, zu definieren. Verwenden Sie hierzu das Formblatt 1, Punkt 1 (Seite 157).

2. Problemfelder/Schwächen von Klein- und Mittelstands- unternehmen

Jedes Unternehmen hat spezifische Grundprobleme zu bewältigen, die wesentlich in der Ausgangssituation des Unternehmers und der Geschäftsidee ihre Ursache haben. Nicht alle angesprochenen Problemfelder müssen bei einem konkreten Unternehmen vorhanden sein. So kann zum Beispiel ein Unternehmensgründer aus Gewinnen eines anderen Unternehmens über genügend Finanzmittel verfügen, gleichzeitig aber Probleme haben, seine Geschäftsidee mangels verfügbarer Zeit zu verwirklichen. In einem anderen Fall können entwickelte Produkte vorhanden sein; es fehlt aber an Kunden und den Finanzmitteln, den laufenden Betrieb aufrechtzuerhalten.

Problemfelder/Schwächen können sein:

1. Das Finden von Kunden: Ein Vertrieb ist noch nicht aufgebaut, es fehlen Stammkunden, das Leistungsspektrum des Unternehmens ist noch zu wenig bekannt.

2. Entwicklung von Produkten: Die Idee für ein neues Produkt oder eine neue Dienstleistung ist zwar vorhanden, aber noch nicht entwickelt (was erhebliche Finanzmittel erfordern kann).

3. Geeignetes Personal: Das Unternehmen ist nicht in der Lage, hochqualifiziertes Personal zu überdurchschnittlichen Bedingungen einzustellen, derzeit muß mit unzureichend qualifiziertem Personal zu schlechteren Bedingungen das Auslangen gefunden werden.

4. Konkurrenz etablierter, größerer Unternehmen: Größere, etablierte Unternehmen mit erheblich größeren finanziellen Möglichkeiten sind in der Sparte tätig, in der das Unternehmen verstärkt einsteigen will.

5. Finanzmittel: Aufgrund der langen Anlaufzeit, etwa für Produktentwicklung oder Vertriebsaufbau, stehen nur sehr begrenzte Finanzmittel zur Verfügung.

6. Managementfähigkeiten des Eigentümers: Der Eigentümer verfügt über alle erforderlichen technischen, fachlich-gewerblichen Voraussetzungen, ist jedoch hinsichtlich der Unternehmensführung überfordert.

7. Verfügbare Zeit des Managements: Das Management hat auch noch Aufgaben in anderen Unternehmen zu erledigen; die zur Verfügung stehende Zeit für das gegenständliche Unternehmen ist daher begrenzt.

8. Reaktion auf Ereignisse, anstatt Ereignisse vorherzusehen: Die Entwicklung des Unternehmens wurde nie langfristig geplant bzw. aufgrund der raschen, stürmischen Entwicklung des Unternehmens bisher vernachlässigt, so daß immer nur kurzfristige Ad-hoc-Entscheidungen getroffen wurden.

9. Begrenzte Entscheidungsgrundlagen, begrenztes Informationssystem: Die Unternehmens- und Finanzplanung sind nicht entwickelt; sie können daher nicht zur Grundlage für Unternehmensentscheidungen genommen werden.

10. Zu geringe Erfahrung beim Aufbau neuer Geschäftsfelder/ Märkte: Das Unternehmen besitzt in einem angestrebten Geschäftsfeld oder neuen Markt über keinerlei oder nur geringe Erfahrungen.

11. Vorschnelle, nicht objektive Entscheidungen: Alle Entscheidungen werden nur intuitiv, ohne Zugrundelegung objektiver Entscheidungskriterien getroffen. (Womit nicht gesagt sein will, daß intuitive Entscheidungen in keinem Fall zu treffen sind: Die Fähigkeit des überragenden Unternehmers liegt gerade darin, das richtige, entsprechende Maß an Ausgewogenheit von Intuition und Intellekt zu besitzen.)

12. Qualitätsprobleme: Die Produkte/Dienstleistungen des Unternehmens entsprechen (noch) nicht den Ansprüchen des Marktes und den Anboten der Mitbewerber. Andererseits könnte auch eine überragende Qualität produziert werden, die vom Markt weder geschätzt noch honoriert wird und deswegen einzuschränken ist.

13. Fehlende Lieferantenlogistik: Bezugsquellen und die Logistik bei Zukauf und Unterlieferanten sind nicht ausreichend definiert, deren Mangel führt daher zu einer verstärkten Kostenbelastung.

14. Mangelhafte Produktionsmittel: Die Ausstattung des Unternehmens mit Produktionsmitteln ist unzureichend, womit meist das Auftreten anderer Problemfelder verbunden sein kann (Qualitätsprobleme, Finanzmittel etc.).

15. EU-Anpassung: Die Anpassung an die vermehrten Geschäftsmöglichkeiten, aber auch Risiken des durch die EU nunmehr größer gewordenen »Heim«-Marktes ist unzureichend. Die Konsequenzen einer »EU-Osterweiterung« für das eigene Unternehmen finden weniger Aufmerksamkeit als in Großunternehmen.

16. »Jahr-2000-Umstellung«: Die Konsequenzen des Millenniumwechsels für das Unternehmen wurden bisher nicht berücksichtigt; aus einer Umstellung unter Zeitdruck könnten Wettbewerbsnachteile resultieren.

Definieren Sie nun die wesentlichen Problemfelder/Schwächen Ihres Unternehmens im Formblatt 1, Punkt 2 (Seite 157).

3. Stärken/Vorteile von Klein- und Mittelstandsunternehmen

Während die angesprochenen Problemfelder bei jedem Unternehmen individuell ausgeprägt oder vorhanden sein können, können folgende Stärken/Vorteile Klein- und Mittelstandsunternehmen *generell* zugerechnet werden (sind sie dennoch beim konkreten Unternehmen nicht vorhanden, so liegen gravierende Schwächen im Vergleich zu größeren und gleich großen Unternehmen vor):

1. Kurze Entscheidungswege und rasche Umsetzung einer getroffenen Entscheidung: Kleinere Organisationen verfügen grundsätzlich über flachere Hierarchien. Entscheidungsgrundlagen können damit schneller erarbeitet und die Durchsetzung unmittelbarer überwacht werden. Dies führt zur »Flexibilitätsmaximierung« als wesentlichem Vorteil gegenüber Großunternehmen.

2. Verbesserte Möglichkeit einer Nischenpolitik: Im Vergleich zu Großunternehmen ist es einfacher, sich auf ein bestimmtes Produkt/Dienstleistung oder Marktgebiet zu konzentrieren.

3. Direkte Kommunikation zwischen Eigentümer und Mitarbeitern: Die Interessenslage kann vom Eigentümer leichter vermittelt werden. Der Eigentümer ist persönlich »greifbar« und nicht unbekannt oder anonym.

4. Im allgemeinen bessere Motivationsmöglichkeiten des Personals: Das Personal kann unmittelbarer und damit besser motiviert werden, ebenso sind Erfolge und Mißerfolge unmittelbarer in den Auswirkungen für das gesamte Personal sichtbar.

5. Kundennähe des Managements: Das Management, der Eigentümer tritt unmittelbar bei seinen Kunden auf. Somit wird eine schnellere Reaktion auf Kundenwünsche und Markttrends durch rasche Entscheidungen des Managements/Eigentümers möglich.

> Ein Klein- oder Mittelstandsunternehmen ist wie ein *einspuriges Kraftfahrzeug* im Straßenverkehr, oder noch besser: im Stau. Es ist wendiger und reagiert schneller, der Spritverbrauch und die Fixkosten sind geringer. Aber es besteht beim Fahren eines Motorrades eine höhere Verletzungsgefahr als in einem Pkw der oberen Preisklasse.

Neben den *generell* einem Klein- oder Mittelstandsunternehmen zuordenbaren Stärken müssen auch noch *besondere* Stärken/Vorteile im Unternehmen *individuell,* unabhängig von global den Unternehmensgrößen zuordenbaren Schwächen und Stärken, vorhanden sein.

Individuelle Stärken/Vorteile können sein:

1. Qualität: Die Qualität der Produkte/Dienstleistungen ist besser als jene der Mitbewerber.

2. Service: Serviceleistungen können rascher und mit einer größeren Kundenzufriedenheit erbracht werden.

3. Lieferzeiten: Sie sind kürzer als die der Mitbewerber.

4. Preisniveau/Zahlungsziel: Die angebotenen Produkte/Dienstleistungen können billiger angeboten werden, zum Beispiel aufgrund geringerer Fixkostenbelastung. Den Abnehmern können günstige Zahlungsziele eingeräumt werden.

5. Technologievorsprung: Die Produkte/Dienstleistungen weisen einen besseren technologischen Standard auf, sie entsprechen dem gegenwärtigen technischen Wissensstand der Branche.

6. Stabile Finanzierungsbasis: Die erforderlichen Finanzmittel können in ausreichendem Ausmaß durch Eigenkapital abgedeckt werden bzw. stehen für eine kontinuierliche Unternehmensentwicklung zur Verfügung.

7. Produktionsmittel: Die Produktionsmittel entsprechen den

Anforderungen des Unternehmens und liegen über dem Branchendurchschnitt.

8. Personal/Führungsstärke: Es steht dem Unternehmen genügend ausreichend qualifiziertes und motiviertes Personal zur Verfügung, die fachliche Kompetenz der Führung entspricht in allen Belangen.

Definieren Sie nun die wesentlichen Vorteile/Stärken im Formblatt 1, Punkt 3 (Seite 157).

Nach Ausfüllen des Formblattes 1 in den Punkten 1 bis 3 leiten Sie nun unter Punkt 4 die wesentlichen Schlußfolgerungen ab. Damit legen Sie zugleich die grundsätzliche Unternehmensstrategie fest.

Ergeben sich nun in der Folge bei Erstellung des weiteren Geschäftsplanes Erkenntnisse, die die zukünftige Ausrichtung Ihres Unternehmens beeinflussen, so korrigieren Sie das Formblatt 1 entsprechend.

Kapitel B

Der Geschäftsplan

1. Was ist ein Geschäftsplan?

Ein Geschäftsplan ist eine systematische Vorgangsweise, um zukünftige Probleme zu erkennen und zu bewältigen.

Er ist keine Weissagung! Es soll vielmehr *aus der gegenwärtigen Situation auf mögliche zukünftige Entwicklungen geschlossen werden*. Die Unternehmensstrategie, die Sie im Formblatt 1 vorläufig definiert haben, wird nunmehr konkret ausgeformt, in operative Einzelmaßnahmen zerlegt und gegebenenfalls entsprechend korrigiert.

Im *Rückblick* ist der Geschäftsplan ein Controlling-Instrument: Mit seiner Hilfe soll festgestellt werden, ob eine angestrebte oder vorhergesagte Entwicklung tatsächlich eingetreten ist und ob die zukünftigen Wünsche und Visionen des Unternehmens sich tatsächlich umsetzen lassen.

Der Geschäftsplan soll dazu verhelfen, unmittelbar notwendige Maßnahmen sofort zu verwirklichen als auch später notwendige Maßnahmen rechtzeitig einzuleiten.

Der Plan sollte sich auf einen Zeitraum von drei bis fünf Jahren erstrecken, wobei der kurzfristige Plan (erstes Jahr) von größtmöglicher Genauigkeit sein sollte. Aufgrund der zunehmenden Unsicherheiten bei längeren Planungszeiträumen, ist vor allem bei Klein- und Mittelstandsunternehmen ein längerer Planungshorizont als ein Jahr für Detailplanungen nur sehr schwer realisierbar.

Jeder Geschäftsplan ist so gut wie die Personen, die ihn erstellen. Natürlich kann von einem größeren Personenkreis, der in die Erarbeitung des Geschäftsplanes einbezogen wird, auch ein breiteres Wissen erwartet werden. Andererseits ist mit einem größeren Personenkreis auch die Gefahr einer langwierigeren und schwierigen Konsensbildung verbunden. Es ist daher sinnvoll, alle jene Personen anzusprechen, die zur Erstellung des Geschäftsplanes mit beitragen können. Letztlich bleibt es aber der Entscheidung und auch

Verantwortung des Unternehmers vorbehalten, die richtigen Fachleute in entsprechender Anzahl einzubeziehen.

**Qualifizierte Unternehmensberater können hier wertvolle
Unterstützung anbieten. Durch deren Tätigkeit in anderen
Unternehmen und damit Einblick in andere Geschäftspläne,
gelingt es Ihnen, Probleme zu erkennen und Lösungsvor-
schläge auszuarbeiten, wie das von der »angestammten
Mannschaft« oft in dieser Form nicht möglich ist.**

Keinesfalls sollte jedoch ein Geschäftsplan allein auf einer »einsa-
men Entscheidung« des Unternehmers beruhen; er sollte zumindest
Mitarbeiter seines Unternehmens mitwirken lassen. Selbst im
»kleinen Mitarbeiter« liegt insbesondere für sein Spezialgebiet ein
beachtliches Wissenspotential verborgen.
Die Einbeziehung eigener Mitarbeiter fördert zudem die Motivation und trägt vielfach auch dazu bei, die Angst vor einer ungewissen Unternehmensentwicklung, vor einer ungewissen Zukunft und
damit auch vor einem drohenden Verlust des Arbeitsplatzes zu nehmen.

**Wenn wir wissen, wohin wir gehen und das Ziel vor Augen
haben, dann können wir auch unsere ganze Kraft für dieses
Ziel einsetzen. Ein Geschäftsplan muß daher einfach sein,
genau, leicht handhabbar und für alle Mitarbeiter verständlich.**

Unabhängig von der Größe des Teams, das Ihren Geschäftsplan
erstellt, muß ein Mitglied dieses Teams – das auch Sie selbst sein
können, aber nicht sein müssen –, für die Koordination der Arbeitsabläufe federführend zuständig/verantwortlich sein.

**Ein Geschäftsplan ist aber *keineswegs eine Garantie* für
einen Geschäftserfolg.**

Interne und externe Bedingungen und Voraussetzungen können sich rascher ändern als dies im Geschäftsplan vorausgesehen wurde, bestimmte Voraussetzungen oder Planungsgrundlagen stellen sich als unzutreffend heraus, neue Erfordernisse können entstehen: Die notwendige Anpassung erweist sich als größer und zeitaufwendiger, als dies vom konkreten Unternehmen durchgeführt werden kann.

> **Jeder Geschäftsplan ist so gut, wie die Leute, die ihn erstellt haben und die in der Lage sind, trotz des Bestehens eines Geschäftsplanes, ihr Handeln neuen Gegebenheiten rasch anpassen zu können.**

Nie ist die Realität genau entsprechend dem Plan. Ein Plan ist vielmehr eine Orientierungshilfe und Richtschnur für das Handeln. *Ein Plan ist aber notwendig, damit das Handeln nicht ohne Orientierung erfolgt.*
Es zeigen daher auch Erfahrungen einschlägiger Kreditschutzorganisationen, daß ein hoher Prozentsatz von Firmen, die das fünfte Jahr seit der Gründung tatsächlich erfolgreich bewältigen, einen Geschäftsplan erstellt haben. *Es gibt hier direkte Korrelationen zwischen dem Erfolg und dem Umfang von Planungen.*

> **Eine gute, umfassende Planung zeigt nicht immer kurzfristigen Erfolg, Geschäftsplanung scheint aber die Voraussetzung für einen langfristigen Unternehmenserfolg zu sein.**

2. Entwicklung des Geschäftsplans

Welche Elemente sind bei der Erstellung des Geschäftsplans zu berücksichtigen? Wie beziehen Sie diese Elemente in Ihren Geschäftsplan ein? Wie gehen Sie bei der Erstellung des Geschäftsplans vor? Die Gewichtung der Elemente für Ihr Unternehmen ist abhängig von der jeweiligen Unternehmenstypologie. Abhängig von dem Ihnen zukommenden Unternehmenstyp müssen Sie dem einen oder anderen Element eine mehr oder weniger große Bedeutung zukommen lassen.

Unternehmenstypen:

● **Anlagenintensiv** (vor allem technologisch anspruchsvolle Unternehmen): erfordert ausreichende Finanzmittel für Anlageninvestitionen verbunden mit höheren Ansprüchen an Investitionsrechenverfahren

● **Risikointensiv** (zum Beispiel Unternehmen, deren Ertragspotential unzureichend abschätzbar ist, wie zum Beispiel bei Filmproduzenten oder Veranstaltern in der Unterhaltungsbranche): erfordert die Zurverfügungstellung von Risikokapital, Streuung des Risikos durch die Bildung von Konsortien etc.

● **Materialintensiv** (zum Beispiel produzierende Unternehmen mit einem hohen Materialeinsatz oder Handelsunternehmen): erfordert genaue Materialdisposition, Optimierung der Einkaufspolitik, verstärkte Kooperation mit Lieferanten etc.

● **Personalintensiv** (zum Beispiel Produzenten mit geringer Anlagenintensität, Detailhandelsunternehmen): Optimierung der Personalpolitik, gegebenenfalls auch Produktionsverlagerungen in Billiglohnländer etc.

2.1. Festlegung der Unternehmensstrategie

Fragestellung der Unternehmensentwicklung von der Vergangenheit in die Gegenwart: Was passierte in den Schlüsselbereichen des Unternehmens (Geschäftsfeld, Marketing, Produktion, Finanz- und Rechnungswesen, Personal, Verwaltung, Management), welche Zielsetzungen haben wir uns vorgenommen, warum haben wir unsere Zielsetzungen erreichen können, warum haben wir sie verfehlt?

Viele Manager haben auf die Fragestellung nach der vergangenheitsbezogenen Unternehmensentwicklung eine Antwort oft zu rasch bei der Hand. Durch diese Unüberlegtheit werden dabei manchmal Aspekte übersehen, die erst nach einer gründlicheren Betrachtung erkennbar sind und dabei wesentlich auch die zukünftige Entwicklung beeinflussen.

Je besser es gelingt, die bisherige Unternehmenssituation zu erkennen, umso besser und genauer kann dann die zukünftige Entwicklung geplant werden.

> **Aus dem Verlauf der bisherigen Unternehmensentwicklung lassen sich die gegenwärtigen Stärken und Schwächen des betreffenden Unternehmens ableiten. Es können effizienter die Unternehmenszielsetzungen bestimmt werden.**
>
> **Wir wissen viel besser, was wir sind, wenn wir wissen, woher wir kommen.**

Tragen Sie die bisherige Entwicklung Ihres Unternehmens in das Formblatt 2 (Seite 159) ein:

● Worin lagen früher unsere Stärken und Schwächen?

● Worin liegen unsere Stärken und Schwächen heute?

● Wodurch ist es uns gelungen, zu erreichen, daß wir heute Stärken haben, die wir früher nicht hatten?

- Wodurch ist es uns gelungen, unsere früheren Stärken auch in der Gegenwart zu behalten?

- Warum haben wir heute Schwächen, die wir früher nicht hatten?

- Wieso ist es uns nicht gelungen, eine Schwäche von früher zu beheben?

Wenn Sie sich über den bisherigen Weg Ihres Unternehmens klar geworden sind, so nehmen Sie noch einmal das Formblatt 1 zur Hand und definieren Sie, welche Stärken im Lichte der vergangenen Unternehmensentwicklung Sie in Zukunft erreichen, welche Schwächen Sie beseitigen und mit welcher Strategie Sie grundsätzlich/global dabei vorgehen wollen.

Überarbeiten Sie noch einmal im Formblatt 1 (Seite 157) Ihren Weg in die Zukunft (grundsätzliche Unternehmensstrategie):

- Die Schwächen des Unternehmens und ihre Beseitigung

- Die Stärken/Vorteile und die Stellung des Unternehmens im Markt (warum wird was gut gemacht, wie sind wir im Markt einzuordnen?)

- Die grundsätzliche Unternehmensstrategie, die Ziele, die das Unternehmen in Zukunft erreichen will (im ersten Jahr und in den folgenden zwei Jahren)

Die Ziele haben Sie tendenziell bereits mit der Beantwortung des Punktes 1 im Formblatt 1 festgelegt.

2.2. Einzelelemente/Faktoren des Unternehmens

Nach Festlegung der grundsätzlichen, auf die Zukunft bezogenen und vorerst global gehaltenen Unternehmensstrategie (Formblatt 1) aufgrund der bisherigen Unternehmensentwicklung, werden dann einzelne Elemente oder Faktoren Ihres Unternehmens näher untersucht. Auch hier müssen wir wiederum die vergangene Entwicklung im Hinblick auf Stärken und Schwächen anhand von Checklisten (für Marketing, Geschäftsfeld, Verwaltung, Personal, Finanzen, Controlling) näher untersuchen, um so Detailmaßnahmen für die Zukunft ableiten zu können – siehe Seite 162 bis 168 bzw. das gesamte Kapitel C (ab Seite 55).

> **Werden in den Detailanalysen Schwachstellen sichtbar, so ist ein Aktivitätenplan zur Beseitigung der Schwachstellen zu entwickeln. Sie planen eine oder mehrere Aktivitäten/ Aktionen pro Einzelelement/Faktor, mit denen Sie die Schwachstellen beseitigen wollen.**

Die Aktivitäten/Aktionen sind in Formblatt 4 (Seite 170) in Stichworten zu beschreiben, insbesondere aber deren »geldmäßige« Auswirkungen auf den Finanzplan und inwieweit eine Aktion eine andere beeinflußt.

Diese gegenseitigen Beeinflussungen (»Interdependenzen«) sind genau zu beachten. Ein Beispiel: Sie entscheiden sich, Ihre Produkte, die für die hohe Qualität, aber auch für den hohen Preis bekannt sind, mit einem Kostensenkungsprogramm und Rücknahme des Standards zu verbilligen. Diese Änderung Ihres Erscheinungsbildes am Markt ist mit entsprechenden Kosten zu bewerben. Das Mehr an inhaltlicher Werbung erfordert somit gleichzeitig ein Mehr an Kosten für Werbung.

Die im Aktivitätenplan erarbeiteten finanziellen Auswirkung münden dann wiederum im Finanzplan.

2.3. Umfeldfaktoren

Zielsetzungen können jedoch nicht allein aus Maßnahmen des Unternehmens und aus einer daraus entstandenen Wunschvorstellung entwickelt werden. Jedes Unternehmen ist in ein »Unternehmensumfeld« eingebettet, das vorgefunden wird und das in den meisten Fällen – wenn überhaupt – nur sehr beschränkt beeinflußt werden kann.

Das Unternehmensumfeld läßt sich mit dem Verhalten der potentiellen Abnehmer, seinen Wünschen und Präferenzen, dem Verhalten der Mitbewerber, lokalen bis globalen, politischen und gesellschaftlichen Entwicklungen definieren. Veränderungen dieses Umfeldes können das Unternehmen unmittelbar und nachhaltig beeinflussen.

Die Beobachtung dieser Entwicklungen ist für einen Geschäftserfolg wesentlich: Können sich doch daraus mögliche Visionen ableiten lassen oder müssen, aufgrund von Veränderungen, Visionen korrigiert werden.

Beispiele sollen diese Problematik veranschaulichen:

● Ein Produktionsunternehmen plant für seine Produkte eine gezielte Markenpolitik. Die Entwicklung der Verbraucherwünsche geht jedoch zu qualitativ hochwertigen No-Name-Produkten und honoriert einen Markennamen nicht mehr. Das Unternehmen soll somit nicht mehr in den Aufbau eines Markennamens investieren, Investitionen in eine Verbreiterung des Absatzgebietes werden sinnvoller.

● Ein Unternehmen stellt ein Produkt mit einem bestimmten Rohstoff her, dessen Einsatz aus Umweltschutzgründen zunehmend problematischer wird. Die Suche nach neuen Rohstoffen erlangt somit vorrangige Priorität.

● Ein Unternehmen stellt ein Produkt her, das in adaptierter Form voraussichtlich auch von einem neuen Abnehmerkreis nachgefragt werden könnte. Investitionen in die Produktentwicklung und den Aufbau eines Vertriebsnetzes für dieses neue Produkt werden vorrangig.

Alle Mitarbeiter/Personen, die mit der Planerstellung befaßt sind, sollten in der Festlegung jener Umfeldfaktoren, die sich auf Ihr Unternehmen unmittelbar auswirken, übereinstimmen. Alle sollten sich auf die gleichen Voraussetzungen/Auswirkungen dieser Umfeldfaktoren einigen können.

Tragen Sie jene Umfeldfaktoren, die voraussichtlich die Entwicklung Ihres Unternehmens beeinflussen und den Umfang und die Ausformung der Beeinflussung in das Formblatt 3 (Seite 161) ein.

Korrigieren/adaptieren Sie gegebenenfalls im Lichte der daraus sich ergebenden neuen Erkenntnisse (noch einmal) die grundsätzliche Unternehmensstrategie (Formblatt 1, Punkt 4, Seite 157) und die daraus resultierenden Detailzielsetzungen für den Geschäftsplan bei den Einzelelementen (Seite 162 bis 168) sowie den Aktivitätenplan (Seite 170).

2.4. Quantifizierung

»Übersetzen« Sie nun Ziele/Visionen, Voraussetzungen/Annahmen und Umfeldfaktoren in Zahlen, indem Sie einen *mittelfristigen Finanzplan* für Ihr Unternehmen erstellen.

Ein Finanzplan ist die Planung Ihrer Einzahlungen und Auszahlungen, also des tatsächlichen Geldflusses, Ihres Unternehmens. Kalkulatorische Positionen, Abschreibungen und Rechnungsabgrenzungen werden dabei nicht miteinbezogen.

Mit großer Genauigkeit muß dieser Plan für die nächsten zwölf Monate erstellt werden, weniger exakt für einen Zeitraum von etwa drei Jahren.

Die Erstellung eines mittelfristigen Finanzplanes ist ein unbedingtes Minimalerfordernis an jedes Unternehmen. Ohne Finanzplan können Sie kein Unternehmen führen, auch dann nicht, wenn es nur ein Ein-Mann-Betrieb ist. Sie müssen über einen Finanzplan selbst dann verfügen, wenn Sie keinen Geschäftsplan haben. Das Fehlen eines Finanzplanes auch bei Kleinunternehmen wird zunehmend auch von den Gerichten zum Anlaß genommen, eine Insolvenz auf den Tatbestand zumindest der fahrlässigen Krida hin zu überprüfen.

Bei vielen Unternehmen kann man feststellen, daß sie in Schwierigkeiten gekommen sind, weil sie über keinen Finanzplan verfügten, mit dem sie drohende Unterdeckungen hätten rechtzeitig erkennen können. Und dies trotz eines sonst vorhandenen Potentials an Stärken.

Bankinstitute prüfen daher zunehmend nicht nur die bisherigen (vergangenheitsbezogenen) Bilanzen, sondern berücksichtigen für Kreditgewährungen das Vorliegen eines Finanzplans. Dieser kann auch Teil einer integrierten Finanz- und Bilanzplanung sein. Derartiges bedarf jedoch der fachkundigen Unterstützung durch erfahrene Consultingunternehmen.

Bei Unternehmen, bei denen die Arbeitskraft der Mitarbeiter zentrales Leistungsmerkmal ist, muß der Preis der Leistungen (zum Beispiel bei Schlossereien, Tischlereien, Kfz-Mechanikern etc.) den Kosten angemessen sein. Der Preis dieser Leistungen wird durch eine *Stundensatzkalkulation* ermittelt: Zu den reinen Kosten für eine Arbeitsstunde wird noch ein bestimmter Gewinn dazugerechnet – so ergibt sich der *Stundensatz.*

In Handelsunternehmen ist im voraus aufgrund des geplanten Einkaufsvolumens und der geplanten Kosten, die für die Abwicklung der Handelsaktivitäten entstehen werden, unter Hinzufügung eines geplanten Gewinnanteils eine *Handelskalkulation* zu erstellen.

Die Quantifizierung wird in Kapitel E ab Seite 171 ausführlich behandelt.

2.5. Ressourcenplanung

Nachdem Sie die Quantifizierung in Form eines Finanzplanes, einer integrierten Finanz- und Budgetplanung, einer Stundensatzkalkulation und einer Handelskalkulation vorgenommen haben, planen Sie nun im Detail die einzelnen Ressourcen, wobei diese Ressourcenplanung sich im Rahmen der bereits erstellten Quantifizierung bewegen muß.

Die Ressourcenplanung muß dabei für die wesentlichen Größen der Quantifizierung des Plans vorgenommen werden.

An *Beispielen* soll dies erläutert werden:

● Das Personal (Anzahl und Qualifikation) besitzt in Ihrem Unternehmen zentrale Bedeutung, ist wesentlicher Ausgabenfaktor aber gleichzeitig auch wesentlicher Leistungsträger Ihres Unternehmens: In diesem Fall werden Anzahl und Qualifikation der derzeitigen Mitarbeiter den zukünftigen Notwendigkeiten gegenübergestellt. Sie werden planen, wann und von welchen Quellen (Schulabgänger, Abwerbung von anderen Unternehmen, Zeitungsannoncen), mit welcher Qualifikation und zu welchen Entgeltbedingungen Sie Mitarbeiter einstellen. Sie werden aber auch aufgrund der Quantifizierung des Plans den umgekehrten Fall der Freisetzung von Mitarbeitern festlegen müssen.

● Ein wesentlicher Parameter der Quantifizierung kann die maschinelle Ausrüstung Ihres Unternehmens sein. Sie sollten im Detail festlegen, wann Sie welche Maschinen mit welchen Leistungsmerkmalen anschaffen oder auch abstoßen werden. Sie müssen eventuell einen Schulungsplan für Mitarbeiter erstellen, die neue Anlagen bedienen sollen. Sie müssen dabei mit Hilfe des Instrumentariums der Investitionsrechnung bestimmen, ob der Ankauf einer bestimmten Maschine für Sie vorteilhaft ist.

● Für ein anderes Unternehmen ist das Werbebudget eine zentrale Größe der Kosten. Sie planen im Sinne der strategischen Zielsetzungen Ihres Unternehmens, das Werbebudget auszuweiten und haben diese Ausweitung auch in die Finanzplanung aufgenommen. In diesem Fall werden Sie die genauen Einzelheiten der Vorgangsweise und der daraus resultierenden Kosten in einem gesonderten Plan festlegen. Wann und wie gestalten Sie eine Postwurfsendung an eine bestimmte Zielgruppe? Wie erfassen Sie die Zielgruppe? Welcher Grafiker erstellt Ihnen den Mailingentwurf? Welche Druckerei muß ihn bis wann liefern, damit alles rechtzeitig vor Saisonbeginn versandt werden kann?

Legen Sie also für die zentralen Größen des Finanzplans (der integrierten Finanz-/Bilanzplanung) fest:

– Wann,

– wie, auf welche Weise,

– mit wem,

– in welcher Qualität

setze ich die bereits in Zahlen ausgedrückten Maßnahmen, für die somit ein Rahmen bereits feststeht, tatsächlich um, wie gehe ich dabei konkret vor?

Aufgrund der Vielzahl und möglichen Vielfalt von Ressourcenplänen können Formularsätze hierfür nicht abgedruckt werden. Jeder spezifische Detailfaktor in den unterschiedlichsten Unternehmen erfordert einen anderen systematischen Aufbau. Eine Ausnahme ist eine Personalbedarfsplanung, wofür im Kapitel F ein Formularsatz angeboten wird (Seite 269 bis 271).

Erstellen Sie daher aufgrund der bisherigen Aussagen Ihres Geschäftsplans in schriftlicher Form Ressourcenpläne zur Feinabstimmung Ihres systematischen Vorgehens.

2.6. Überprüfung des Plans

Sie haben bisher, ausgehend von einem globalen strategischen Plan, diesen in Detailfaktoren zerlegt, haben diese quantifiziert und schließlich eine Ressourcenplanung vorgenommen. Nun stellen Sie aber bei der immer mehr ins Detail gehenden Planung fest, daß eigentlich strategische Zielsetzungen oder oftmals Quantifizierungen im Finanzplan oder in der Ressourcenzuteilung zu ändern sind. Sie könnten feststellen, daß Annahmen im Plan und daraus sich ergebende Quantifizierungen nun nicht mehr realistisch sind. Weiters können Sie merken, daß getroffene Annahmen sehr sensibel andere Parameter Ihres Plans beeinflussen, mit Unsicherheiten behaftet sind, oder daß einzelne Parameter plötzlich in Konflikt mit anderen geraten.

Sie werden aber nach der Planerstellung, im Verlauf der Umsetzung, immer feststellen müssen, daß *kein Plan, sei er auch noch so gewissenhaft erstellt, tatsächlich so wie geplant hält.* Jeder Plan ist schließlich nur eine Zielsetzung. *Zögern Sie in keinem Fall, den Geschäftsplan abzuändern.*

Eine *regelmäßige Überprüfung,* unabhängig ob sich die Notwendigkeit zu Abänderungen aufgrund von Abweichungen oder neuen Erkenntnissen bereits früher ergibt, sollte etwa in folgendem Rhythmus vorgenommen werden:

● *Alle drei Jahre:* Überprüfung der globalen/strategischen Zielsetzungen.

● *Jedes Jahr:* Adaptierung des mittelfristigen Finanzplans.

● *Alle drei bis sechs Monate:* Überprüfung des Ressourcenplans.

● *Jeden Monat:* revolvierende kurzfristige Finanzplanung für die nächsten zwölf Monate mit der Darstellung der Soll-Ist-Abweichungen.

3. Consultingunterstützung

Viele Fachleute haben sich nach jahrelanger Praxis mit einem eigenen Beratungsunternehmen selbständig gemacht. Sie verfügen zudem über ein Wissen, das sie in verschiedenen Unternehmen erweitern konnten. Gerade eine Beratungstätigkeit bietet Einblicke in die unterschiedlichsten Unternehmen. Berater werden mit Problemen und deren Lösung befaßt, die in anderen Betrieben gleich oder ähnlich sind, so daß sie auf bereits erarbeiteten Lösungsansätzen weiter aufbauen können.

Das Leistungsspektrum der Beraterbranche:

- Globale Durchleuchtung der gesamten Unternehmenssituation (in der Folge Konzentration auf Schwerpunkte)
- Beratung für kaufmännische, betriebswirtschaftliche, organisatorische Aufgabenstellungen, insbesondere der Unternehmensführung
- Finanzberatung
- EDV-Beratung
- Technische, branchenbezogene Beratung
- Umweltschutzberatung (Vermeidung der Entstehung von Abfällen und Entsorgung)
- Wartungs-/Instandhaltungsberatung
- Energieberatung

Die positiven Auswirkungen einer guten Beratung sind in jedem Fall höher als die Kosten. Der langfristige Erfolg überwiegt die kurzfristigen Kosten, die man nur im Moment sieht. Denken Sie auch hier langfristig. Prüfen Sie daher, inwieweit Beratung für Ihr Unternehmen sinnvoll sein könnte, worunter übrigens auch die grundsätzliche Durchleuchtung eines Unternehmens verstanden werden kann.

Beratung hat neben dem nötigen Fachwissen sehr viel mit Psychologie zu tun. Es kann daher eine Beratung bei identen Aufgabenstellungen in einem Fall erfolgreich sein, während sie es in einem anderen Fall nicht ist. Suchen Sie sich daher einen Berater aus, der sowohl die fachlichen Voraussetzungen erfüllt, als auch zu Ihnen paßt. Ein Berater ist nicht ein »Besserwisser«, er ist Ihr »Sparringpartner«, der Ihnen und dem Unternehmen zur Seite steht.

Von einem im Betrieb tätigen Sohn des Eigentümers eines Mittelstandsunternehmens (ca. 130 Mitarbeiter) hörte ich vor einigen Jahren: »Wissen Sie, mein Vater will als Berater im Unternehmen eigentlich nur einen Steuerberater.« – Ob er mit dieser Meinung recht hatte, hat sich dann Jahre später ganz von selbst erwiesen: Mittlerweile ist das Unternehmen durch krasse Allein-Fehlentscheidungen der Eigentümerseite nicht mehr existent. – Eine späte Genugtuung?

»Einigermaßen bewege ich mich im Plan.«

4. Wirtschaftliche Kooperation

Viele Unternehmer sind der Ansicht, Kooperationen seien nur eine Angelegenheit von Großbetrieben oder nur bei grenzüberschreitenden Aktivitäten sinnvoll. Dieser Meinung muß jedoch mit aller Entschiedenheit entgegengetreten werden:

1. Kooperationen können in vielen Fällen als wesentlicher Grund angesehen werden, warum kleinere Unternehmen ihre Stellung gegenüber »Großen« nicht nur halten, sondern ausbauen konnten. Ein Unternehmer eines kleineren Handelsgeschäfts mit vier Angestellten beantwortete meine Frage, wie er denn eigentlich gegen die große Übermacht der in seinem Bereich spezialisierten Handelsketten bestehen könne, wo doch so viele andere seiner Größe mit Schwierigkeiten zu kämpfen hätten: »Ich mache es eben geschickter als die anderen.« – Er bildete mit einigen anderen Firmen seiner Größe eine lose Einkaufsgemeinschaft und erreichte dadurch ein ebenso großes Einkaufsvolumen und ebensolche Einkaufspreise wie der »große« Konkurrent. Durch wesentlich geringere Overheadkosten konnte er zudem billiger sein.

2. Staatsgrenzen sind durch die Globalisierung des Warenverkehrs (GATT-Abkommen) und die Bildung von Wirtschaftsgemeinschaften (EU) für das wirtschaftliche Handeln des einzelnen Unternehmens mehr oder weniger bedeutungslos geworden.
Eine Kooperation in wirtschaftlichen Dingen muß nicht mit einer finanziellen Unternehmensverflechtung verbunden sein. Es können einer finanziellen Beteiligung auch ganz andere Motive zugrunde liegen, als dies bei einer bloß wirtschaftlichen Zusammenarbeit der Fall ist. Den Gedanken an eine Kooperation dürfen Sie nicht alleine auf Ihre Mitbewerber beschränken, Sie können gleichermaßen mit Ihren Lieferanten oder Abnehmern kooperieren, oder mit Unternehmen, mit denen Sie nicht direkt konkurrieren, aber irgendwie im gleichen oder artverwandten Gebiet tätig sind.

Die Wahrscheinlichkeit, einen gleich starken Mitbewerber zu »besiegen« ist geringer, als mittels einer Kooperation ein für beide Unternehmen gleichermaßen erfolgreiches Ziel zu erreichen.

Den inhaltlichen Gestaltungsmöglichkeiten und möglichen Misch-formen von Kooperationen sind keine Grenzen gesetzt. Folgende *Grundmuster* sind anzuführen:

● Vertriebskooperationen (auf ein bestimmtes Marktgebiet oder Produkt bezogen)

● Beschaffungskooperationen (durch eine größere Marktmacht gegenüber Lieferanten können günstigere Einkaufskonditionen erzielt werden, die Versorgung mit knappen Vormaterialien wird für den einzelnen sichergestellt)

● Produktionskooperationen (mittels horizontaler Kooperation kann eine größere Differenzierung der Angebotspalette des ein-zelnen Kooperationspartners erreicht werden, vertikale Koope-ration als Zusammenarbeit einer Kette von Herstellern eines Endproduktes)

● Forschungs- und Entwicklungskooperationen (die noch am wenigsten praktizierte Form, der aber zukünftig eine sehr große Bedeutung zukommen wird; denken Sie bei dieser Kooperati-onsform nicht unbedingt an eine Grundlagenforschung, sie soll-te sich vielmehr auf die Entwicklung/Weiterentwicklung von Produkten oder neuen/verwandten Produktideen richten; in Japan ist diese Kooperationsform staatlich mehr oder weniger institutionalisiert und wird dementsprechend gefördert)

● Investitions- und Finanzierungskooperationen (eine projektbe-zogene Zusammenarbeit bei der Errichtung einer neuen Anlage oder bei der Erschließung eines neuen Marktgebietes ist für mehrere Unternehmen mit einem geringeren finanziellen Aufwand verbunden)

Stellen Sie sich daher immer wieder die Grundsatzfrage nach Kooperationsmöglichkeiten. Da alle Einzelelemente/Faktoren des Unternehmens von einer Kooperation tangiert werden können, ist deren Beantwortung für die weitere Entwicklung des Geschäftsplans von grundsätzlicher Bedeutung.

In den folgenden Kapiteln dieses Buches sollen nunmehr Einzelheiten zur Planerstellung weiter ausgeführt werden. Es wird dabei auf die wesentlichsten Aspekte der Unternehmensführung für Klein- und Mittelstandsunternehmen näher eingegangen, die für die Erstellung eines Geschäftsplans unbedingt notwendig sind.

Kapitel C

Einzelelemente/Faktoren des Unternehmens als Grundlage für die Quantifizierung

Wir haben im Kapitel B unter Punkt 2.2. erkannt, daß die Einzel-elemente/Faktoren des Unternehmens vertieft dargestellt werden müssen, daß aus deren Entwicklung und Ist-Zustand konkrete Einzelmaßnahmen für die zukünftige Unternehmensentwicklung abgeleitet werden können. All diese zukünftigen Maßnahmen werden dann im Finanzplan (integrierter Finanz-/Bilanzplan), in der Stundensatzkalkulation und Handelskalkulation in Zahlen umgesetzt.

Um diese Einzelelemente besser erfassen zu können, empfiehlt sich ein Vorgehen anhand von Checklisten, wie sie in Kapitel D ab Seite 162 abgedruckt sind. Die Details dieser Listen sind auf ein durchschnittliches Unternehmen abgestimmt.

Es versteht sich von selbst, daß für ein spezifisches Unternehmen diese Fragestellungen im einzelnen adaptiert werden können (und auch müssen), genauso, wie einzelne Fragestellungen überhaupt nicht relevant sein können. Adaptieren Sie daher gegebenenfalls die Fragestellungen für Ihren speziellen Gebrauch.

Je nachdem, in welche Spalte die Beantwortung der Fragestellungen fällt, kann daraus ein Stärken- oder Schwächpotential für Ihr Unternehmen abgeleitet werden. Eine auf diese Weise ermittelte Stärke ist aber nur dann für Ihr Unternehmen zutreffend, wenn diese im Einklang mit der Unternehmensstrategie steht. Umgekehrt kann eine so ermittelte Schwäche für Ihr Unternehmen nicht relevant sein, wenn es sich dabei nicht um Ihr Unternehmensziel handelt.

Wenn Sie beispielsweise feststellen, daß sich die Qualität Ihrer Produkte nicht kontinuierlich verbessert hat, so kann dies dann zulässig sein, wenn Ihr Ziel die Herstellung billiger aber zugleich qualitativ nicht hochwertiger Produkte ist.

Fällt Ihre Antwort in die Reihe 1 oder 2, sollten Sie entscheiden, ob eine vorerst einmal »negative« Entwicklung im Hinblick auf die Unternehmensstrategie zulässig ist oder ob eine Gegenstrategie daraus entwickelt werden sollte. Bei Antworten in den Reihe 3 bis 5, die eher einen positiven Befund über das Unternehmen widerspiegeln, sollte die Entwicklung im Einklang mit der Strategie fortgesetzt und laufend beobachtet, allenfalls sogar rückgeführt werden.

> **Die einzelnen Fragestellungen sollen zu Aktionen in Ihrem Geschäftsplan führen. Für jedes Element des Geschäftsplanes können Sie die zu treffenden Maßnahmen verbal erfassen, um sie dann in der Folge in Zahlen zu quantifizieren.**

Die Fragestellungen selbst werden auf den folgenden Seiten näher erläutert und durch Beispiele veranschaulicht.
Wichtig: Sind Sie in mehreren Geschäftsfeldern tätig, so zerlegen Sie jedes einzelne in seine Faktoren. (Füllen Sie für jedes Geschäftsfeld einen eigenen Satz Formulare aus.)
Unter *»Input für den Geschäftsplan«* wird die Zielsetzung der Fragestellung genau spezifiziert.

1. Das Geschäftsfeld

1.1. Gibt es eine klare Vorstellung vom Geschäftsfeld?

Input für den Geschäftsplan:
Klare Definition des Geschäftsfeldes und welche Positionierung das Unternehmen in dem jeweiligen Geschäftsfeld erreichen will.

Sie müssen sich im klaren darüber sein, in welchem Geschäftsfeld Sie Ihre Leistungen anbieten wollen, wobei wir unter »Geschäftsfeld« einerseits die Zielgruppe der Kunden verstehen, andererseits aber auch den Umfang der Lieferungen/Leistungen selbst, die Sie diesen Kunden anbieten.

Zum Beispiel könnte eine Tischlerei ihr Geschäftsfeld mit der Planung und Fertigung von Kundenschaltern für Banken und Versicherungen in einem bestimmten örtlich begrenzten Gebiet definieren. – Ein Elektroinstallationsunternehmen könnte sein hauptsächliches Geschäftsfeld in der Erstausstattung von Wohnbauten öffentlicher Bauträger sehen.

Ist es Ihnen gelungen, Ihr Geschäftsfeld zu definieren, so können Sie viel zielgerichteter Ihre Leistungen auf dieses Geschäftsfeld abstimmen.

Dies schließt aber ein, daß sich für Ihr Unternehmen möglicherweise im Laufe der Entwicklung neue Geschäftsmöglichkeiten eröffnen oder Sie auch zur Erkenntnis gelangen müssen, daß Ihr angestammtes Geschäftsfeld im bisherigen Umfang aufgrund von Veränderungen des Marktes nicht mehr aufrechtzuerhalten ist.

So hat ein Tischlereibetrieb, der lange Zeit hauptsächlich Küchen nach Maß fertigte, einen Umsatzrückgang aufgrund von Änderungen der Verbraucherwünsche mit einem neuen Programm auf dem gehobenen Wohnzimmersektor auffangen können: Er hat sein Geschäftsfeld neu definiert.

Ein gutes, in der Literatur auch immer verwendetes Beispiel für die Neudefinition des Geschäftsfeldes ist die Schweizer Uhrenindustrie, die sich vielfach aus Mittelstandsunternehmen zusammensetzt. Beim Auftauchen der japanischen Billigkonkurrenz segmentierte man das Geschäftsfeld neu: Man wollte nicht mehr bloß Uhren zur Zeitmessung, reine Massenprodukte, produzieren, sondern eher Schmuckstücke, die auch die Funktion der Zeitmessung erfüllen. Den Massenmarkt überließ man den Billigherstellern aus Fernost.

Ein Kleintransportunternehmen fand heraus, daß auf dem Gebiet der Behindertentransporte eine gewisse Nachfrage besteht und wurde diesbezüglich tätig. Es konnte auf diese Weise der Konkurrenz der aus dem Boden sprießenden Kleintransportunternehmen begegnen.

Ein Karosserieunternehmen, das gelegentlich auch Oldtimer restaurierte, baute darauf einen neuen lukrativen Geschäftszweig auf.

1.2. Entwicklung des Marktwachstums

Input für den Geschäftsplan:
Schätzen Sie die zukünftige Entwicklung des Marktwachstums ab. Bei nicht zufriedenstellender Expansion oder einem Rückgang überlegen Sie, ob Sie nicht besser auf einem benachbarten Geschäftsfeld, dessen Marktwachstum stärker steigt als das bisher bediente, tätig werden sollten.

Mit der vorherigen Fragestellung der Neudefinition des Geschäftsfeldes hängt auch die Fragestellung nach dem Marktwachstum in ihrem angestammten Geschäftsfeld zusammen. Ist das Marktwachstum gering oder sogar rückläufig, so ist dies ein Indikator für

Sie, das Geschäftsfeld neu zu definieren oder ein neues Geschäftsfeld zu eröffnen.

Ein neu gegründetes Unternehmen sollte sich keinesfalls auf ein Geschäftsfeld wagen, dessen Marktwachstum rückgängig ist, sondern auf eines, das eine verstärkte Kundennachfrage erwarten läßt.

Informationen über das Marktwachstum können Sie erhalten aus:

- Wirtschaftszeitungen
- Staatlichen Veröffentlichungen
- Veröffentlichungen von Marktforschungsinstituten
- Anzahl und Inhalt von Patentanmeldungen
- Datenbanken (Internet)

Wachsende Märkte erfordern:

- Verstärkte Investitionen in die Verkaufsförderung
- Investitionen in Forschung und Entwicklung
- Investitionen in Lagerhaltung und Verkaufsorganisation
- Niedrige Preise am Beginn des Marktwachstums

Schrumpfende Märkte erfordern:

- Ein genaues Controlling
- Ein vermindertes Produktangebot
- Geringere Produktion und Verkaufsorganisation
- Eine genaue Preispolitik im Sinne der Gewinnmaximierung anstelle ständig niedriger werdender Preise, nur um den bisherigen Marktanteil zu halten

Aber auch ein schrumpfender Markt bietet einem kleinen Unternehmen Möglichkeiten, da sich oft große Unternehmen aus dem Markt zurückziehen. So konnte sich etwa auf dem Sektor exklusiver Audio-Produkte eine Reihe von Mittelstandsunternehmen erfolgreich plazieren, während die Großindustrie nur mehr Massenware anbietet.

1.3. Entwicklung des Marktanteils

Input für den Geschäftsplan:
Stellen Sie die Veränderung des Marktanteils im Vergleich zu jenem Ihrer Wettbewerber im Geschäftsfeld fest und setzen Sie Maßnahmen, um Ihren Marktanteil zumindest zu halten, wenn nicht sogar zu vergrößern.

Es wird hier die *Veränderung* des Marktanteils in den Vordergrund der Betrachtung gerückt und nicht der absolute Anteil daran. – Der absolute Marktanteil wird im nächsten Punkt behandelt.

Informationen über die Veränderung Ihres Marktanteils müssen Sie vornehmlich aus der Umsatzentwicklung Ihrer Mitbewerber ableiten. In einigen Branchen werden von den einschlägigen Interessensorganisationen sogar Umsatzzahlen der Branche veröffentlicht, woraus Sie auf Ihren Marktanteil rückschließen können.

Maßnahmen bei einer Veränderung des Marktanteils:

● Bei einer Verringerung: Konzentration auf Vertrieb, Qualität, Entwicklung, Preisbildung und Verkaufsförderung
● Bei einer Vergrößerung: besondere Beobachtung der Mitbewerber und Reaktion auf deren Aktivitäten

1.4. Entwicklung der Wettbewerbsposition

Input für den Geschäftsplan:
Legen Sie fest, welche Wettbewerbsposition Sie für das definierte Geschäftsfeld derzeit besitzen und welche Sie in Zukunft einnehmen wollen.

Eng im Zusammenhang mit der Frage der *Veränderung* des Marktanteils, auf die vorhin eingegangen wurde, steht die nach der *Wettbewerbsposition.* Diese kann dabei als *Größe (Höhe)* des Marktanteils im Vergleich zu den Mitbewerbern definiert werden.

Ist der Marktanteil, den ein Unternehmen im Vergleich zu seinen Mitbewerbern besitzt, groß, so hat es eine vergleichsweise gute/hohe Wettbewerbsposition. Ist der Unterschied im Vergleich zu dem am nächsten kommenden Unternehmen bedeutend, so wird ein solcher Betrieb als *Marktführer* bezeichnet. Ein Unternehmen mit einem geringen Marktanteil, das die Position eines größeren Mitbewerbers einzunehmen trachtet, bezeichnet man als *Herausforderer.* Ein Unternehmen, das mit einem geringen Marktanteil nur einen Teilmarkt bedienen will, nennt man *Spezialist.*

Die erforderliche Größe des Marktanteils ist für die einzelnen Branchen stark unterschiedlich. Während in einem Fall ein Marktanteil von 60 Prozent eine marktbeherrschende Stellung für ein Unternehmen bedeutet, kann in einem anderen Fall bereits bei einem Marktanteil von 20 Prozent von Marktführerschaft gesprochen werden.

Ein kleiner Marktanteil ist leichter zu vergrößern als ein bereits bestehender großer: Eine Verdoppelung von ein auf zwei Prozent ist mit einem verhältnismäßig geringen Aufwand verbunden, hingegen kann ein Marktanteil von 55 Prozent nicht mehr verdoppelt werden.

Vorgangsweise bei Marktführerschaft:

● Weiterhin intensive Forschung und Entwicklung
● Erzielung der Preisführerschaft, um für den Mitbewerb uneinholbar zu werden
● Weiterhin intensive Verkaufsförderung
● Taktische Maßnahmen zur Beherrschung des Mitbewerbers: bei Preisen, Vertrieb, Verkaufsförderung

Vorgangsweise des Herausforderers:

● Massive Investitionen zur Erzielung der Kostenführerschaft – eine derartige Politik ist sehr kostenintensiv (Finanzplanung!) und zudem riskant, da der Marktführer prozentuell mehr Mittel zur Verfügung hat
● Preisreduktionen zur Erzielung eines höheren Marktanteils: sehr kostenintensiv, vermindert den Profit im Verhältnis zum Mitbewerber
● Differenzierung: vorhandene Produkte für ein neues Marktsegment oder neue Produkte für ein vorhandenes Marktsegment
● Änderung des Vertriebsweges: neue Vertriebsmethoden zur Erhöhung des Marktanteils, zum Beispiel Direct Mailing anstelle des Vertriebs über Vertreter

Vorgangsweise des Spezialisten:

● Erfassung der Trends in der Marktnische: Bleibt der Trend aufrecht oder ändert sich die »Umwelt«? Mögliche Konsequenzen: Rückzug aus dem Markt, Suche nach neuen Märkten oder Suche nach neuen Produkten
● Überprüfung der Preispolitik

1.5. Entwicklung der Gesamtwirtschaft

Input für den Geschäftsplan:
Mögliche Veränderungen sind zu erfassen und daraus Gegenstrategien zu entwickeln.

Die Auswirkungen/Beeinflussungen möglicher gesamtwirtschaftlicher Veränderungen auf Ihr Geschäftsfeld sind zu untersuchen.
So kann etwa die Veränderung der Arbeitslosenrate Ihr Geschäftsfeld dann negativ beeinflussen, wenn sich das verfügbare Einkom-

men der Bevölkerung als Folge der Arbeitslosigkeit für Ihre Produkte oder Dienstleistungen verändert. Das gleiche gilt zum Beispiel für Auswirkungen von Entscheidungen seitens der EU.

1.6. Veränderungen aus Politik und Gesetzgebung

Input für den Geschäftsplan:
Bei möglichen oder erwarteten Veränderungen politischer oder gesetzlicher Natur untersuchen Sie deren Auswirkungen und passen Sie die Strategie des Unternehmens an oder entwickeln sie dazu Gegenstrategien.

Gibt es *politische, gesetzliche Änderungen,* die das Geschäftsfeld oder die Strategie in einem bestimmten Geschäftsfeld beeinflussen?
Eine Liberalisierung des Nachtarbeitsverbotes für Frauen in Österreich in bestimmten Branchen kann so beispielsweise für Sie bedeuten, daß Sie nunmehr mit zusätzlichen Schichten Ihre Produktion steigern könnten und daher entsprechende Maßnahmen für das zusätzliche Absatzpotential treffen müssen.
Wie ganze Branchen in Bewegung geraten sind, zeigt das Beispiel des Wegfalls der Bedarfsprüfungen für Apotheken-Neugründungen in der BRD. Plötzlich entstanden zahlreiche neue Apotheken, die die Wettbewerbsposition angestammter Apotheken hart umkämpften.

1.7. Veränderung der Verbrauchergewohnheiten

Input für den Geschäftsplan:
Anpassung des Geschäftsplans an geänderte Verbrauchergewohnheiten.

Sind Veränderungen der Verbrauchergewohnheiten bei Ihren Produkten absehbar, dann wird dadurch das Marktwachstum beeinflußt. Sie können mit der Beantwortung dieser Fragestellung zugleich nochmals überprüfen, ob Sie im Lichte neuer Erkenntnisse die oben getroffene Einschätzung über die Veränderung des Marktpotentials oder Ihres Marktanteils revidieren müssen.

So hat sich zum Beispiel in einzelnen Gegenden der Bierkonsum zugunsten des Weins verringert, während in anderen Gebieten ein umgekehrter Trend zu beobachten ist. – Derzeit kann eine Tendenz zum gepflegten Wohnen registriert werden, so daß die Verbraucher für Wohnungsausstattungen wieder mehr Geld ausgeben. – In einigen Staaten Europas befindet sich die gesamte Schmuckbranche, meist kleine und mittlere Hersteller und Handelsunternehmen, in einer Krise, weil die Konsumenten nicht mehr wie früher einen bestimmten Teil ihres Haushaltsbudgets für Goldschmuck ausgeben wollen.

Änderungen des Verbraucherverhaltens treten in den meisten Fällen nicht plötzlich ein. Meist können sie als Ursache für ein Stagnieren eines Marktpotentials erkannt werden. Vielfach spiegeln sie einfach soziologische Veränderungen wider, die mit einer gewissen Verzögerung das Marktwachstum beeinflussen.

1.8. Erwartung von technologischen Änderungen

Input für den Geschäftsplan:
Das Ausmaß technologischer Änderungen ist zu beurteilen und zu welchem Prozentsatz der Umsatz des Unternehmens davon betroffen ist. Daraus sind dann Gegenstrategien zu entwickeln.

In jedem Geschäftsfeld gibt es ein bestimmtes Ausmaß von Änderungen der Produkt- und der Prozeßtechnologie. Unter Produkttechnologie versteht man die Fähigkeiten, die Ausstattung oder das Leistungspotential eine Produktes, unter Prozeßtechnologie die Verfahren und Wege seiner Herstellung. Beides unterliegt einer stetigen Veränderung und bedarf daher der Anpassung durch das eigene Unternehmen.

Technologische Veränderungen können sich dabei nicht nur auf Produktionsunternehmen beschränken, sie beziehen sich auch auf Handels- und Dienstleistungsbetriebe.

So wird beispielsweise ein Planungsbüro mittlerer Größe kaum mehr am Markt bestehen können, wenn es nicht über eine entsprechende EDV-Anlage zur rationellen Ausführung und Berechnung von Planungen verfügt (Prozeßtechnologie) und dann das Ergebnis nicht auf Disketten gespeichert einem Kunden übergeben kann (Produkttechnologie).

Ein mittleres Handelsunternehmen ohne EDV-gestützte Lagerführung (Prozeßtechnologie) hat wesentliche Wettbewerbsnachteile, wenn es noch an einer Karteikastenmethode festhält.

Produktionsunternehmen mit modernen, schnellaufenden Maschinen, die zudem einen geringeren Personaleinsatz erfordern (Prozeßtechnologie) und außerdem noch Produkte mit einer geringeren Maßtoleranz herstellen können (Produkttechnologie), besitzen eine bessere Ausgangsbasis für den Wettbewerb mit Betrieben, die diese Maschinen nicht besitzen.

Ein Nachholbedarf in Produkt- und Prozeßtechnologie ist mit massiven Investitionen verbunden, die sich dann in der Quantifizierung widerspiegeln. *Gerade dieses Beispiel soll zeigen, wie sich letztendlich die Beantwortung aller unserer Fragestellungen auf die Quantifizierung, den Finanzplan, auswirkt und auf die finanziellen Möglichkeiten des Unternehmens abgestimmt sein muß.*

1.9. Genauigkeit bei Umsatzplanungen

Input für den Geschäftsplan:
Beseitigung der Ursachen, die bisher zu größeren Ungenauigkeiten bei Umsatzplanungen führten.

Unter Umsatz- bzw. Absatzplanung versteht man die Abschätzung von Lieferungen und Leistungen in mengen- und preismäßiger Sicht für eine bestimmte Planungsperiode. Auch in diesem Fall kann »Planen« als ein Kompromiß zwischen realistischen Erwartungen und Zielvorstellungen verstanden werden.

Abweichungen zu Umsatzplanungen, die ein bestimmtes Ausmaß übersteigen (etwa mehr als 20 Prozent) können für ein Unternehmen bedrohlich werden – dies nicht nur, wenn der Umsatz unter dem Planansatz bleibt, sondern auch dann, wenn der Planansatz wesentlich überschritten wird.

Die negativen Folgewirkungen auf einen Finanzplan bei Unterschreitungen bedürfen wohl keiner weiteren Erklärungen.

Ein Überschreiten der Umsatzplanung kann trotz einer momentanen Überliquidität letzten Endes ebenso negative Auswirkungen haben. Denken Sie nur an den Fall, daß die Umsatzausweitung nur mittels gleichzeitigem Abbau eines Pufferlagers erfolgte, dies in einer weiteren Periode nicht zur Verfügung steht und sich dadurch die Kunden verlaufen. Dies würden Kunden aber auch tun, wenn Umsatzzuwächse auf Kosten einer gleichbleibenden Qualität erzielt werden; erfahrungsgemäß wechseln dann bisherige Stammkunden wahrscheinlich zu einem anderen Hersteller.

Wie richtig sind die Absatzvorausschauen des Unternehmens in der Vergangenheit gewesen, und wie sind die derzeitigen Fähigkeiten, zukünftige Absatzvorausschauen zu erstellen? Vor allem aber: Haben Sie mit einer unerwarteten Überliquidität Investitionen nicht getätigt, die Sie hätten vornehmen können, wäre Ihre Planung nur richtig gewesen?

Die Schwierigkeit von richtigen Absatzvorschauen zeigt sich auch am Beispiel einiger Großfirmen, die ein spitzfindiges Absatzvorausschausystem entwickelt hatten und trotzdem daneben gelegen sind. So hat IBM zu Beginn der achtziger Jahre den Bedarf an PCs viel zu niedrig eingeschätzt und ermöglichte es so Konkurrenten, in den Markt einzutreten.

Einer einigermaßen richtigen Absatzplanung kommt große Bedeutung zu, schließlich knüpfen an sie alle anderen Pläne an: die Produktionsplanung, Investitionsplanung, Personalplanung etc. Um sich nicht allein auf das »Gespür« der Verkäufer verlassen zu müssen, finden eine Reihe von Verfahren für die Absatzvorausschau Anwendung, die aber trotzdem zusätzlich noch durch die Intuition der Planer/ Verkäufer ergänzt werden sollten. Zwei Verfahren werden hier dargestellt.

Verfahren für die Absatzvorausschau

1. Entwicklung aus den monatlichen Soll-Ist-Vergleichen:

Vergleichen Sie das monatliche Ist mit dem Plan und revidieren Sie aus den Ist-Werten die Pläne für die nächsten Monate.

Eine Trendexploration mittels mathematischer Modelle hat in vielen Fällen zu falschen Ergebnissen geführt. Versuchen Sie daher die Hintergründe zu ermitteln, warum sich gerade in der abgelaufenen Periode der Absatz in eine bestimmte Richtung verändert hat, und wie dieser Trend in Zukunft sein wird.

2. Ableitung aus Relationen

Wenn Ihr Absatz in direkter Relation zu einem Umfeldgesichts-
punkt steht, so versuchen Sie aufgrund der Veränderung beim
Umfeld auf den eigenen Absatz zu schließen.

Zum Beispiel gibt es einen direkten Bezug zwischen Einkommen
und Pkw-Absatz. Sinken die Einkommen, so ist mit einem Rückgang des Pkw-Absatzes zu rechnen. Oder bei einem kleineren
Möbelhaus: Werden in der unmittelbaren Umgebung neue Woh-
nungen gebaut, so ist zu erwarten, daß der Absatz wegen der Ver-
mehrung der Haushalte auch ansteigt.

Umsatzplanungen setzen sich aus einer Mengen- und Preiskompo-
nente zusammen. Aus jeder der beiden kann eine Abweichung
resultieren.

Während sich die Mengenplanung an der Einschätzung des Marktwachstums ausrichtet, kann eine Preisveränderung diesem Trend
durchaus zuwiderlaufen.

Insbesondere hat eine verstärkte Nachfrage nach gewissen Komponenten auf dem Elektroniksektor nicht zu Preissteigerungen
geführt, sondern zu Verbilligungen. Der Grund lag darin, daß eine
Vielzahl neuer Hersteller in einen lukrativen Markt eintraten und
mit billigeren Preisen Marktanteile zu erringen trachteten. Etablierten Herstellern fiel eine Preisverbilligung nicht allzu schwer: Die
größeren Absatzmengen ermöglichten es, den F&E-Aufwand auf
größere Mengen zu verteilen, wodurch der absolute Kostenanteil
für F&E je Stück niedriger wurde und damit die Preise gesenkt
werden konnten.

Aus diesem Beispiel können Sie auch ersehen, daß sich nicht in
jedem Geschäft der Preistrend nach der Inflationsrate richten muß.
Trends, höher als auch niedriger als die allgemeine, durchschnittliche Inflationsrate, sind geschäftsfeld-/branchenspezifisch möglich.

So sind etwa Elektrogeräte trotz der Inflation in den vergangenen
Jahren billiger geworden. Die Computerbranche erlebt einen Preis-
verfall von ca. 20 Prozent im Jahr.

Andererseits freuen sich Kunst- und Antiquitätenhändler bei hochwertiger Ware über Preissteigerungen, die die Inflationsrate bei weitem übertreffen.

Preistrends müssen daher ebenso wie Mengenentwicklungen erkannt und in der Umsatzplanung berücksichtigt werden.

1.10. Ausmaß saisoneller/zyklischer Schwankungen

Input für den Geschäftsplan:
Erkennen von Schwankungen saisoneller oder zyklischer Natur im Geschäftsfeld, Berücksichtigung in der Planung und Entwicklung von Gegenstrategien.

Geschäftsfelder können saisonellen oder zyklischen Schwankungen unterliegen.

Das extremste Beispiel für saisonelle Schwankungen ist zweifellos der Eisverkauf. Eissalons haben eben nur im Sommer offen und die übrige Jahreszeit geschlossen. Gegenstrategien dazu sind, daß beispielsweise vor Weihnachten ein Orientteppichhändler den Salon als Verkaufslokal nutzt oder daß man das Eisessen als ganzjährig »in« zu propagieren versucht.

Ein auf den Schisport spezialisiertes Geschäft kann nur mit saisonaler Verlagerung auf einen gegenläufigen Trend – Tennis zum Beispiel – einem saisonbedingten »Loch« entkommen.

Beispiel für ein zyklisches Geschäftsfeld ist der Trachtenmodesektor. Reine Trachtenmodegeschäfte leiden unter einem zyklischen Boom von etwa sieben Jahren, wobei in Boom-Perioden dann auch nichtspezialisierte Geschäfte mitnaschen wollen. – Pelzmode könnte sich zu einem Zyklusgeschäftsfeld entwickeln. Es wird dann nur einer sehr kleinen Anzahl von Händlern gelingen, die Perioden der Baisse finanziell zu durchtauchen.

Wenn Sie diese Schwankungen nicht erkennen, besteht die Gefahr eines zu großen Lageraufbaus. Sie können dann das Lager im Abwärtstrend nicht oder nur mit Verlusten verkaufen. Dies beeinflußt wiederum Ihre Finanzierung. (Im Winter werden Sie kaum Bademode verkaufen können, der Absatz von Spirituosen ist zu Festtagen am höchsten.)

Unternehmer treffen in zyklischen Geschäftsfeldern oft Investitionsentscheidungen in Boom-Zeiten, ohne ausreichend zu berücksichtigen, daß die Baisse unmittelbar bevorsteht und der erforderliche Return on Investment nicht mehr gewährleistet ist.

1.11. Ausnutzung öffentlicher Förderungen

Input für den Geschäftsplan:
Frage, ob Förderungsmöglichkeiten für das Unternehmen bekannt sind und auch in Anspruch genommen wurden.

In zahlreichen Fällen wurden Förderungs-, Unterstützungs- und Absicherungsmöglichkeiten von Risiken gerade deswegen zu wenig genützt, weil Klein- und Mittelstandsunternehmen hier ein Informationsmanko aufwiesen. Die einschlägigen branchenbezogenen Interessensorganisationen geben hierüber ebenso gerne Auskunft wie örtliche Verwaltungsbehörden. Letztere sind übrigens stark daran interessiert, im Rahmen der Regionalfonds-Förderungen der EU die Wirtschaftskraft der Regionen und damit die Interessen von Unternehmen zu stärken.

Nützen Sie daher alle für Sie möglichen Förderungen und Unterstützungen, die Sie dann in einem verbesserten Finanzplan wiederfinden. Es gibt meist mehr Förderungsmöglichkeiten als Sie fürs erste glauben.

1.12. Festlegung des Forschungs- und Entwicklungsaufwandes

Input für den Geschäftsplan:
Legen Sie den zukünftigen Forschungs- und Entwicklungsaufwand für Ihr Unternehmen fest. Nehmen Sie dabei den Einsatz Ihrer Mitbewerber zum Maßstab sowie die Erfordernisse, die im jeweiligen Geschäftsfeld für die Wahrung/Verbesserung der Wettbewerbsposition notwendig sind.

Das Klein- und Mittelstandsunternehmen wird sich vor allem einmal am Aufwand des Mitbewerbs ausrichten. Ist dieser höher, so will die Konkurrenz allem Anschein nach ihre Wettbewerbsposition in technologischer Hinsicht verbessern. Ist er geringer, so kann dies bedeuten, daß der Mitbewerb eine Strategie der Preisführerschaft anstrebt, die der technologischen entgegenstehen kann.

Für einige Geschäftsfelder ist ein bestimmter Einsatz von F&E (Forschung und Entwicklung) wesentlich, für andere wiederum nicht. Es kommt dabei nicht so sehr auf den Prozentsatz an, sondern auf die absolute Höhe. Dies deswegen, weil bestimmte Entwicklungsvorhaben einfach ein bestimmtes Budget erfordern, unabhängig davon, in welchem Verhältnis der Umsatz eines Unternehmens dazu steht.

So wird sich zum Beispiel ein kleines Unternehmen die Entwicklung von Computern nicht leisten können, selbst wenn sein prozentueller F&E-Einsatz viel größer ist als bei einem großen Unternehmen.

Dieses Beispiel zeigt, daß nicht in allen Branchen ein F&E-Aufwand erforderlich ist und sich die Notwendigkeit hierzu ebenso an den absoluten Beträgen des F&E-Aufwands der Mitbewerber wie an den eigenen finanziellen Möglichkeiten orientiert.

1.13. Konsequenzen aus der Markttransparenz für Kunden

Input für den Geschäftsplan:
Aus der Kenntnis der Markttransparenz-Entwicklung von Abnehmern: Anpassung/Änderung der Strategien bei Werbung, Produktpolitik etc.

Bei einer kleinen Anzahl von Anbietern eines bestimmten Produktes auf einem lokalen Markt ist das Leistungsspektrum der Angebote für die potentiellen Kunden erkennbar (transparent). Steigt nun die Anzahl der Anbieter und bieten diese zudem leicht unterschiedliche Produkte an, so wird es für einen Abnehmer immer schwieriger und zeitaufwendiger, sich den Überblick zu verschaffen – der Markt verliert an Transparenz.

Dieses Kundenproblem versuchen nun die anbietenden Unternehmen auszunützen:

- Ein Supermarkt in einem Ballungsgebiet mit einer Vielzahl von ähnlichen Märkten in der Umgebung, wird in diesem Sinn nur mehr gezielt einige Produkte als preislich besonders günstig in den Vordergrund seiner Werbeaktivitäten stellen. Dem Konsumenten gelingt es nicht mehr zu erkennen, ob auch andere Produkte, die er benötigt und die momentan nicht beworben werden, preislich ähnlich günstig zu liegen kommen.
- Im Fall des Elektrofachhandels hat eine Vielzahl von Geräten mit teilweise nur wenig unterschiedlichen Preisen (zum Beispiel einige Waschmaschinen-Preisklassen), dennoch ein für Konsumenten nur schwer vergleichbares Leistungsangebot.
- Kunden eines Lebensmittelgeschäftes werden ziemlich leicht das Angebot des Konkurrenten vergleichen können, schwerer wird dies bei speziellen technischen Produkten gelingen.

Je nachdem, ob für die Kunden der Markt transparent (überschaubar) ist oder ob sich die Kunden nur sehr schwer über die Angebote von Mitbewerbern informieren können, werden Sie Ihre Strategie orientieren müssen.

Bei hoher Markttransparenz der Kunden könnte die Strategie in Maßnahmen zur Verringerung derselben, etwa in einer Differenzierung der Produkte, liegen. Es kann aber andererseits eine hohe Markttransparenz auch im Einklang mit Ihrer Strategie stehen und daher zulässig bleiben.

2. Marketing

Die Elemente, die der Begriff des Marketing umfaßt, werden in unterschiedlichen Darstellungen nicht einheitlich definiert. Teilweise werden Themen des strategischen Managements mit eingeschlossen, teilweise wird der Marketingbegriff nur auf Werbung und Verkaufsförderung reduziert. Definitionen wie:»Marketing ist die Summe jener Maßnahmen, die auf Veräußerung von Gütern und Dienstleistungen gerichtet sind und deren physische Distribution bewirken« oder:»Marketing ist eine konsequent marktbezogene Unternehmenspolitik, losgelöst vom produktionsorientierten Denken«, sind meines Erachtens unzureichend. Stellt man bei letzterer Definition einer produktionsorientierten Seite des Unternehmens eine marktorientierte gegenüber, so läuft dies auf eine Gegensatzbildung hinaus, die ich als überholt erachte: Alle Funktionen des Unternehmens haben sich am Markt zu orientieren. – Wird das strategische Marketing in den Vordergrund gestellt, so trägt dies nicht der strategischen Aufgabenstellung Rechnung, die bereits beim Geschäftsfeld ihren Ausgangspunkt nehmen muß. Bereits dort muß strategisch definiert werden, welche Leistungen das Unternehmen mit welcher Zielsetzung erbringen will.

Mir erscheint als richtiger und logischer, **Marketing**»**als operative Detailausprägung der strategischen Unternehmensführung unter Einsatz der Marketinginstrumente**« zu definieren. Marketing wird dadurch auf die Summe der Marketinginstrumente reduziert.

Marketinginstrumente

- Preis, Zahlungsbedingungen
- Produkt (Qualität, Verpackung, Anwendungs-/Verwendungsbreite)
- Absatz (Absatzkanäle, Verteilungspolitik, Distributionspolitik)
- Verkaufsförderung, Werbung

- Marktforschung
- Qualität des Verkaufspersonals
- Servicequalität und Servicegeschwindigkeit
- Erscheinungsbild des Unternehmens

Marketingmix

Unter Marketingmix versteht man die Zusammenfassung der Marketinginstrumente zu einem einheitlichen Vorgehen.

Marketingziele

Entsprechend der oben vorgenommenen Definition des Marketing als »operative Detailausprägung der strategischen Unternehmensführung unter Einsatz der Marketinginstrumente« muß das Marketingziel letztlich mit dem strategischen Unternehmensziel übereinstimmen. Der Weg zu diesem fernen Ziel ist oft langwierig und daher nur in Etappen zu erreichen. Die Marketingziele stellen diese Etappenziele für die Marketinginstrumente dar.

Es dienen daher die Marketinginstrumente der Umsetzung möglicher Ziele in einem strategischen Geschäftsfeld. Diese Ziele können sein:

- *Halten der Position*
  Einzelmaßnahmen mit dem Ziel der Aufrechterhaltung einer bestehenden Wettbewerbsposition innerhalb eines bestimmten Geschäftsfeldes. Mittels eines ausgewogenen Marketinginstrumentariums, abgestimmt auf die Aktivitäten des Mitbewerbs, soll die Position des Produktes im Markt im Verhältnis zu den Mitbewerbern unverändert bleiben.
- *Verbesserung der Position*
  Instrumente des Marketing werden mit dem Ziel einer Verbesserung der Stellung im Verhältnis zu den Mitbewerbern eingesetzt.

- *Erschließung eines neuen Marktes für das gleiche Produkt*
  Mit einem bestehenden Produkt sollen neue Abnehmergruppen oder neue geographische Märkte erschlossen werden.
- *Positionierung eines neuen Produktes im gleichen Markt*
  Ein neues Produkt soll bei bestehenden Abnehmergruppen bzw. in einem bereits bedienten geographischen Markt plaziert werden.
- *Einführung eines neuen Produktes in einem neuen Markt*
  Ein neues Produkt soll in einem neuen Marktgebiet bei neuen Zielgruppen eingeführt werden.
- *Geordneter Rückzug aus dem Markt*
  Das Unternehmen plant die Einstellung eines Geschäftsfeldes/ Produktes. Offene Restaufträge sollen noch erledigt werden. Service (etwa durch Fremdfirmen) für ein auslaufendes Produkt soll sichergestellt sein, da dessen Fehlen das Image des Unternehmens beeinträchtigen würde. Planung von Zeitpunkt und Umfang der Demontage vorhandener Maschinen etc.

2.1. Effektivität bisheriger Werbung/ Verkaufsförderung

Input für den Geschäftsplan:
Planung, Durchführung und Kontrolle von geeigneten, angemessenen Werbemaßnahmen.

In welchem Ausmaß Werbung und Verkaufsförderung eingesetzt wird, hängt, wie so vieles, von der Größe und Branche des Unternehmens ab. Ich warne jedoch davor, in Werbung/Verkaufsförderung das Allheilmittel der Unternehmensführung zu sehen. Nur zu oft wurde Werbung und Verkaufsförderung (als Instrument des Marketing) überbewertet oder falsch eingesetzt, und hat damit nicht den beabsichtigten Unternehmensnutzen bewirkt.

So setzen Firmen auf TV-Werbung, wobei diese gerade für ihr Unternehmen nicht effektiv ist. Oder es wird in einem Medium geworben, das von der Zielgruppe nicht wahrgenommen wird.

Die von einem Unternehmer geäußerte Meinung, man könne letztlich alles verkaufen, wenn man nur entsprechend dafür wirbt, muß eher ins Reich der Illusionen verwiesen werden. Der Übergang von einem Verkäufer- zu einem Käufermarkt, das zunehmende Selbstbewußtsein und der teilweise hohe Bildungsgrad der Käufer haben es mit sich gebracht, daß Werbebotschaften und Verkaufsförderungsmaßnahmen hinterfragt werden. Trotz massiver Marketingmaßnahmen, einschließlich einer niedrigen Preispolitik, gibt es gerade aus dem Lebensmittelbereich Beispiele von Produkten, die sich (trotzdem) nicht am Markt durchsetzen konnten.

Ein Seminarteilnehmer drückte die Problematik sehr treffend aus: »Wenn man eine Banane in den Urwald hält, und es kommen die Gorillas und greifen danach, so ist ein Bedürfnis da. Wenn im Urwald aber die Gorillas fehlen, so nützt auch die noch so gute Werbung nichts. Die Banane wird liegenbleiben.«

Auch gibt es meiner Meinung nach noch immer kein allgemein anerkanntes Instrumentarium für Klein- und Mittelstandsunternehmen, mit dem der Erfolg von Werbe- und Verkaufsförderungsmaßnahmen zweifelsfrei gemessen werden kann.

Wenngleich heute der einst von Henry Ford geprägte Satz »Die Hälfte meines Werbebudgets ist beim Fenster hinausgeschmissen, ich weiß nur nicht, welche Hälfte es ist« von der Werbeindustrie verteufelt wird, so finde ich ihn im wesentlichen noch immer nicht ganz widerlegt. Felduntersuchungen über die Wirksamkeit von Werbemaßnahmen sind hinsichtlich ihrer Aussagekraft noch nicht allgemein anerkannt und zudem sehr aufwendig und damit teuer.

Aufgrund der unzulänglichen Erfolgsmessungsmethoden werden Werbeerfolge intuitiv, bestenfalls indikativ und, wie ich meine, oft zu positiv beurteilt. Die Folge dieses Denkens führt nicht selten zum Ausbleiben von erhofften Mehreinnahmen aufgrund von Werbemaßnahmen und damit zu einer Unterdeckung im Finanzmittelbereich. *Indikativ* kann der Werbeerfolg gemessen werden, indem die Häufigkeit der Indikatoren *vor* und *nach* der Werbemaßnahme gezählt wird. Als Indikatoren werden herangezogen:

- Anzahl der Anfragen
- Anzahl der Aufträge
- Umsatzhöhe
- Kataloganforderungen
- Kundenbesuche
- Anzahl der Musterkäufe/Probebestellungen
- Befragung potentieller Kunden inwieweit die Maßnahme ihre Aufmerksamkeit geweckt hat (Marktforschungsinstitute)

Mit alledem will ich keineswegs der Werbung ihre Daseinsberechtigung absprechen, ich will nur zu einem schrittweisen, behutsamen Ausgabenrahmen aufrufen.

So ist das Werbebudget in den einzelnen Branchen stark unterschiedlich: Kosmetik hat einen großen Werbebedarf von 20 bis 30 Prozent des Umsatzes, während der Aufwand für Werbung in Dienstleistungsbranchen vergleichsweise gering ausfällt.
Für jedes Produkt, jede Branche gibt es unterschiedliche Werbestrategien, sie sind aber auch für ein und dasselbe Produkt auf unterschiedlichen Märkten, in anderen Kulturkreisen usw. verschieden. Selbst gleiche Produkte auf gleichen Märkten mit unterschiedlichen Zielgruppen müssen differenziert beworben werden, meist noch in unterschiedlichen Medien und mit unterschiedlicher Intensität.

Werbung ist *mehr* als die Übermittlung einer Werbebotschaft mittels *professioneller Medien. Werbung ist auch*:

- Persönlicher Kontakt: Freunde sprechen vorteilhaft über ein Produkt, ein Familienmitglied ist mit einem Produkt zufrieden, Direktansprache durch Verkaufspersonal

- Verpackung: Erregung von Aufmerksamkeit der Verpackung in einem Verkaufsregal, Ausdruck der Produktphilosophie in der Verpackung
- Das Vorhandensein des Produktes in der Öffentlichkeit: das Auto auf der Straße, das Verwenden eine bestimmte Kugelschreibermarke, »Product placement« in Film und Fernsehen (ein bestimmtes Produkt kommt »rein zufällig« in einem Spielfilm vor oder ist in einem Fernsehbericht zu sehen)
- Die Artikulierung von Kundenzufriedenheit gegenüber Dritten: Ein zufriedener Kunde drückt einem anderen gegenüber seine Zufriedenheit aus
- Informationsblätter/Prospekte/Kataloge
- Verkaufsständer, Displays für Verkaufspulte, Aschenbecher mit Werbeaufschrift etc.
- Beipackungen zu anderen Produkten des gleichen Unternehmens bieten die Möglichkeit des für den Kunden kostenlosen Ausprobierens eines neuen Produktes
- Eine Extramenge, ein Bonus, ein Gutschein etc. regt zum Kauf eines Produktes an
- Einschaltungen in Nachschlagebüchern (»Yellow Pages«), Fachadressenbüchern als Ansprachemöglichkeit nicht regelmäßiger Kundensegmente
- Dias, Videos, die in Einzelhandelsunternehmen eingesetzt werden und die Aufmerksamkeit auf ein bestimmtes Produkt lenken sollen
- Streugeschenke (Kugelschreiber, T-Shirts etc.) werden in der Öffentlichkeit verteilt

Gerade bei einem Kleinunternehmen steht in der Regel am Beginn immer die persönliche Ansprache. Ein Kleinunternehmen verfügt auch meist nicht über genügend Geld, um mit verschiedenen Werbemitteln zu experimentieren.

Um ein Werbemittel *richtig einzusetzen* sind folgende *Faktoren* zu berücksichtigen:

● Die *Art* der Werbemittel, die für das spezifische Geschäftsfeld erforderlich ist
● Die *Geldmittel,* die gemäß der Finanzplanung seitens des Unternehmens dafür eingesetzt werden können
● Der *Inhalt* der Werbemittel (der Inhalt der übermittelten Werbebotschaft)
● Die *zeitliche Verteilung* der Werbemittel: in welcher zeitlichen Verteilung, mit welchem zeitlichen Abstand die wiederholten Werbemaßnahmen erfolgen sollen (die Wirkung einer Einmal-Werbebotschaft ist gering!)
● Die Kriterien der *Erfolgsmessung* (auf welche Weise der Erfolg einer Werbebotschaft gemessen werden kann)

Ziele von Werbemaßnahmen/Verkaufsförderung

● Information über Eigenschaften, technische Fähigkeiten, Produktverbesserungen des bisherigen Produktes
● Erinnerung: zur Aufrechterhaltung der Kaufbereitschaft
● Einen Kaufanstoß zu bieten: zum Beispiel durch Kostproben; diese Maßnahme vor allem dann, wenn ein Produkt neu auf dem Markt ist, Prospekte werden direkt vor einem Verkaufsständer verteilt
● Die Erkundung der Kundenreaktion für die Produktentwicklung: Beispielsweise lancierte eine bekannte Computerfirma zwei Jahre lang Meldungen über einen neuartigen Pocketcomputer, um anhand der erhaltenen Kundenreaktionen und Kundenwünsche das Produkt weiterzuentwickeln

Vor-/Nachteile »klassischer« Werbemittel

Medium	Preis-level	Vorteile	Nachteile
TV	100	große Reichweite, Erfassung verschiedener Zielgruppen gleichzeitig	teuer und kompliziert in der Erstellung, die spezielle Zielgruppe kann nicht mit breiter Information angesprochen werden, Erfolgsbewertung schwierig
Magazine	75	Auswahl genau nach Zielgruppen möglich, ausführliche technische Information, Beifügung von Rückantwortkarten	Erfolgsbewertung schwierig, Erfolg nur bei vielen Wiederholungen
Tageszeitung (national)	65	große Reichweite, leicht in der Planung und Erstellung	Erfolg nur bei vielen Wiederholungen, schwierig für technische Informationen
Tageszeitung (lokal)	55	leicht in der Planung und Erstellung, relativ billig	geringe Reichweite
Radio	55	leicht in der Planung, unmittelbar	geringe Reichweite, schwierig, die speziellen Produktvorteile hervorzuheben
Kino	50	Farbe und Bewegung	geringe Reichweite
Plakate	30	große Reichweite, lokale Begrenzung möglich	lange Vorbereitungszeit, Produktvorteile können nur schwer hervorgehoben werden
Direct Mailing	30	genau für Zielgruppen, Produktvorteile können genau dargestellt werden	schwierig in der Erfolgskontrolle, langsame Wirkung, Antworten ca. ein Prozent
Messe/ Ausstellung	30	Produktvorteile können gezeigt werden, Zielgruppen können auf Fachmessen angesprochen werden	schwierig in der Vorbereitung und Logistik – kann dadurch teuer werden

Ermittlung des Werbebudgets

Das Werbebudget kann sich orientieren:

● An den hierfür tatsächlich vorhandenen Finanzmitteln: dies führt wegen der Unterschiedlichkeit der vorhandenen Mittel in den einzelnen Jahren zu unterschiedlich hohen Werbebudgets

● An der Planung eines prozentuellen Teils vom Umsatz: Diese Methode impliziert den Erfolg der Werbemaßnahmen, da sich diese unmittelbar im Umsatz widerspiegeln, ist aber bei mehreren Produkten zu allgemein, da nicht alle Produkte im gleichen Ausmaß beworben werden müssen

● An den Ausgaben der Konkurrenz: Impliziert das Eingeständnis, daß die Konkurrenz besser weiß, wieviel ausgegeben werden soll; kleine Firmen können schwerlich so viel ausgeben (in absoluten Zahlen) wie ein größerer Mitbewerber!

● Bottom-up-Methode (Ausgangspunkt ist das Produkt):
  – Definition der geschäftsfeldspezifischen Notwendigkeiten
  – Definition des möglichen Ausgabenrahmens/der Ausgabennotwendigkeiten

Setzen Sie Ihre Werbung gezielt und bewußt ein!

2.2. Marktforschungsintensität und -häufigkeit

Input für den Geschäftsplan:
Festlegung des Umfangs und der Häufigkeit von Marktforschungen, ihre Durchführung und Auswertung.

In Klein- und Mittelstandsunternehmen wird Marktforschung nur geringfügig betrieben, man assoziiert damit eher ein für Großunternehmen geeignetes Instrument: entsprechend teuer und für kleinere Unternehmen nicht finanzierbar. Wenngleich Marktforschung – einmal damit begonnen – auch leicht unkontrolliert ausufern könnte, so kann sie aber andererseits auch durchaus von kleineren Unternehmen gezielt und kontrolliert eingesetzt werden. Es gilt also auch hier, quantitativ und qualitativ den notwendigen Mitteleinsatz zu finden.

So hatte ein Einkaufszentrum in seinem Einzugsgebiet aus der Befragung von nur einigen, gezielt ausgesuchten Haushalten wertvolle Erkenntnisse über das Abnehmerverhalten gewinnen können. Einem Glasereibetrieb gelang es, sein Leistungsspektrum stärker an die Kundenerwartungen anzupassen, nachdem man allen Kunden innerhalb von drei Monaten einen Zettel mit Fragen zur Beantwortung ihrer Erwartungshaltungen mitgegeben hatte. Es war jetzt deutlich ersichtlich, welche Produkte man auf Lager halten sollte und welches Service erwartet wurde. Eine Erkenntnis daraus war, daß für Notfälle eine Telefonnummer außerhalb der normalen Geschäftszeiten eingerichtet wurde, was dem Unternehmen einen nicht unerheblichen Zusatznutzen brachte.

2.3. Auswirkungen von Preis-Mengen-Elastizität

Input für den Geschäftsplan:
Schätzen Sie die Auswirkungen von Preisänderungen auf den Mengenabsatz einzelner Produkte und optimieren Sie durch die Festlegung der bestmöglichen Zusammensetzung von erzielbarem Preis und Absatzmenge den Gewinn.

Inwieweit führt eine Erhöhung (Senkung) des Preises zu einem Minder-(Mehr-)Absatz und damit zu einer Veränderung des Ergebnisses? Gesucht wird somit nach jener Preis-Mengen-Kombination, bei der das Ergebnis maximiert wird.

Wenn Sie ein bestimmtes Produkt in Ihrem Laden um DM 100,– verkaufen, und zwar 800 Stück pro Woche, so erzielen Sie einen wöchentlichen Umsatz von DM 80.000,–. Es gilt nun abzuschätzen, inwieweit bei einer Preissenkung auf DM 90,– eine mengenmäßige Absatzsteigerung gelingt, die letztendlich den Gewinn vergrößert. Steigt nämlich die Absatzmenge nur auf 850 Stück, so fällt damit der Gesamtumsatz auf DM 76.500,–. Steigt hingegen die Absatzmenge auf 1100 Stück, so erhöht sich damit trotz eines billigeren Einzelpreises der Gesamtumsatz auf DM 99.000,–.

Die Umsatzseite ist aber nur Teil einer Gesamtbetrachtung. Zusätzlich dazu müssen Sie die Auswirkung der Mengensteigerung auf die Kosten einbeziehen, da die Kostenkurve nie linear verläuft. Es kann nämlich möglich sein, daß Sie für eine Absatzmengensteigerung von 100 Stück eine zusätzliche Maschine anschaffen müßten, und dadurch sogar der Gewinn kleiner werden würde. Andererseits könnte eine Absatzsteigerung von 100 Stück auch bei einer geringfügigeren Preissenkung auf DM 95,– gelingen, wenn sie von Werbemaßnahmen begleitet wird.

Mit diesem Beispiel soll dem bei Klein- und Mittelstandsunternehmen häufig angetroffenem Irrglauben begegnet werden, daß bei

Senkung der Preise und Erhöhung der Umsätze *in jedem Fall* der Gewinn entsprechend steigt. Das ist in vielen Fällen nicht der Fall. Die Ursache liegt in der Kostenstruktur des jeweiligen Unternehmens: Verringern sich bei einer Mengensteigerung die anteiligen Fixkosten, so führt dies dann zu einer Gewinnsteigerung, wenn die Fixkostendeckung größer als die absolute Höhe der Fixkosten wird. Eine Mengensteigerung kann aber auch zu einer anteiligen Fixkostenerhöhung führen, wenn eine Mengenerhöhung erst nach Fixkosteninvestitionen (zum Beispiel Investitionen in erweiterte Produktionsanlagen) technisch durchführbar wird. – Desgleichen führt eine Mengensteigerung nicht automatisch zu einer Reduzierung der variablen Kosten, auch dies muß im Einzelfall untersucht werden.

Gelöst werden kann dieser Knoten von Fragestellungen mit einer Abschätzung der Preiselastizität im Wege der Beobachtung der Auswirkungen verschiedener versuchsweiser Preise sowie in weiterer Folge mit Investitionsrechenverfahren.

Gerade kleineren, in Nischen tätigen Unternehmen, gelingt es oftmals, trotz einer Preissteigerung keine Reduzierung der Absatzmenge hinnehmen zu müssen und damit ihren Profit sogar zu erhöhen. In solchen Fällen wurden die Preiserhöhungen für die Abnehmer nicht transparent oder sind für sie nicht relevant, da ihnen Vergleichsmöglichkeiten zu Mitbewerbern fehlen, oder ein Nischenprodukt vorrangig bezogen wird.

Würde manch »kleinerer« Unternehmer der Frage der Elastizität mehr Aufmerksamkeit widmen, müßte er feststellen, daß er bisher mit zu niedrigen Preisen seine Produkte/Leistungen offerierte.

Bei Konsumgütern ist im allgemeinen die Elastizität höher als bei Dienstleistungen, wenngleich sie auch dort nicht vernachlässigt werden sollte.

Butter hat eine hohe Preiselastizität. Ein Prozent Preissteigerung verringert voraussichtlich den Absatz um mehrere Prozent. Bei einem Rolls-Royce wird sich bei einer Preisanhebung um ein Prozent die Absatzmenge vermutlich nur um einen Prozentpunkt verringern, bei einem japanischen Mittelklasse-Pkw vielleicht um vier Prozent. Branchenbezogene Informationen über die Preis-Mengen-Elastizitäten stehen oft in Wirtschaftszeitungen oder sonstigen öffentlichen Publikationen. Die Preiselastizität eines Unternehmens kann auch aus der Gegenüberstellung der Preis- und Mengenentwicklung zweier Jahre (näherungsweise) abgeleitet werden.

2.4. Preis-/Qualitätsvergleich zum Mitbewerb

Input für den Geschäftsplan:
Feststellung des Preis- und Qualitätsniveaus im Vergleich zum Mitbewerb und Neuorientierung.

Japanische Unternehmen haben den Europäern in den achtziger und neunziger Jahren die kostengünstigen Möglichkeiten der Massenproduktion vorgeführt. Wenngleich der Glanz inzwischen etwas getrübt und dieses System von anderen Ländern, vor allem China, übernommen wurde, so bleiben dennoch Klein- und Mittelstandsunternehmen in Europa als Zulieferer von Großunternehmen davon in gleicher Weise tangiert – europäische Unternehmen vor allem dann, wenn sie technologisch anspruchsvolle Produkte im Wege der Massenproduktion an Großunternehmen zuliefern. Der Kostendruck, dem auch die Großunternehmen ausgesetzt sind, wird einfach an die Zulieferer »weitergereicht« (zum Beispiel in der Kfz-Zulieferindustrie). Es ist damit vielen Branchen nicht mehr möglich, mit einer sogenannten »Qualitätsstrategie« höhere Preise zu begründen. *Sowohl Preis als auch Qualität* müssen an das Niveau der Mitbewerber angepaßt werden.
Ist die Qualität bei vorerst gleichem Preis schlechter als beim Mit-

bewerb, so wird voraussichtlich die Absatzmenge sinken oder die Preise müssen reduziert werden.

Ist die Qualität höher und der Preis gleich, so kann das entsprechende Unternehmen nicht mehr – so wie dies in der Theorie noch vor Jahren möglich war – automatisch auch seine Preise anheben. In den verschiedenen Branchen wird vermehrt differenziert vorgegangen. In jeder Branche ist eine andere Strategie durchführbar, aber immer weniger wird eine reine Qualitätsstrategie vom Markt akzeptiert.

Richten Sie daher Ihre Preis- und Qualitätspolitik an der Ihres Wettbewerbs aus und führen Sie Verlagerungen der Schwerpunkte nur behutsam in kleinen Schritten durch.

2.5. Überprüfung der Rabattpolitik

Input für den Geschäftsplan:
Ermittlung der Rabattpolitik und Änderung des Marketings zur Gewinnmaximierung.

Rabatte als Preisabschläge, die erst zu dem endgültigen Verkaufspreis führen, werden einerseits für die Übernahme von Funktionen (zum Beispiel erfüllt ein Großhändler eine Funktion gegenüber einem Detailhändler) gewährt, andererseits sind sie ein Teil der Preispolitik mit dem Ziel der Ertragssteigerung, indem durch letztlich billigere Endpreise eine Mengenabsatzsteigerung erzielt werden soll.

Beide Funktionen sind vom Unternehmen zu überdenken: Wird tatsächlich eine der Rabattgewährung entsprechende Funktion vom Abnehmer ausgeführt? Steigern die Rabatte tatsächlich den Mengenabsatz im gewünschten Ausmaß?

Ich habe selbst einmal in einem Unternehmen gearbeitet, in dem mehr als die Hälfte der Produkte mit Rabatten verkauft wurde, so daß die offizielle Preisliste schon zu einem theoretischen Papier geworden war. Wir haben daraufhin die Preisliste so korrigiert, daß sie für die Mehrzahl der Kundengruppen und Absatzmengen von vornherein paßte. Anstatt Rabatte für größere Einzelbestellungen zu gewähren, verrechneten wir nun Aufschläge für Mindermengen. Diese Vorgehensweise, die sehr viel mit Psychologie zu tun hat, führte letztlich zu einer Verbesserung des Mengenabsatzes und damit zu einer Erhöhung unseres Gewinns.

Werden zur Erzielung eines bestimmten Umsatzes viele Rabatte gewährt, so ist entweder der Ausgangspreis zu hoch oder das Produkt im Marktsegment nicht richtig plaziert.

Vergleichen Sie zwei Firmen (als Beispiel), die ein Produkt mit gleichem Basispreis an unterschiedliche Abnehmerschichten mit unterschiedlichen Rabatten verkaufen:

	A Menge	Preis	B Menge	Preis
theoretischer Umsatz bei Listenpreis von DM 5,–	10.000	50.000,–	10.000	50.000,–
Rabattpolitik:				
Rabatt 10 Prozent	5.000	22.500,–	7.000	31.500,–
Rabatt 20 Prozent	3.000	12.000,–	2.000	8.000,–
Rabatt 30 Prozent	2.000	7.000,–	1.000	3.500,–
tatsächlicher Verkaufserlös		41.500,–		43.000,–

Das Beispiel zeigt deutlich, daß bei gleichen Listenpreisen und gleichem Mengenabsatz das Unternehmen B aufgrund einer flacheren Rabattstaffel einen höheren Umsatz erzielen kann. Ideal ist freilich auch die Situation beim Unternehmen B nicht, da auch dort letztlich auf alle Preise ein Rabatt gewährt wird.

Wird mehr als 25 Prozent des Umsatzes mit Rabatten erzielt, so bedarf Ihre Rabattpolitik und damit Ihre Preisgestaltung einer eingehenden Überprüfung.

2.6. Auswirkungen von Änderungen des Zahlungsziels

Input für den Geschäftsplan:
Überprüfung der Handhabung der Zahlungsbedingungen und der Effizienz des Mahnwesens und gegebenenfalls Änderung mit dem Ziel der Gewinnmaximierung.

Die Einräumung von Zahlungszielen ist letztlich ebenfalls Teil der Rabatt- und damit der Preispolitik des Unternehmens. Während sich jedoch die Rabatte in einer Reduzierung des Umsatzes und damit indirekt im Finanzplan wiederfinden, wirkt sich eine gewährte Verlängerung eines Zahlungsziels ausschließlich auf den Finanzplan aus. Die Notwendigkeit langer Zahlungsziele müssen Sie kunden- und branchenbezogen beurteilen, ebenso, ob es Ihnen möglich ist, eine Verkürzung von Zahlungszielen mit einem anderen Kundennutzen (zum Beispiel einer kürzeren Lieferzeit, besserem Service) wettmachen zu können.

So baut sich in verschiedenen Branchen – wie zum Beispiel Sporthandel, Fotohandel – eine Spirale mit immer längeren Zahlungszielen auf. Großhändler versuchen, mit der Gewährung von Zahlungszielen in dieser schwierigen Branche ihre Umsatzziele zumindest auf dem Papier zu erreichen. – Kurzfristig dürfte das gelingen, auf längere Sicht gesehen könnte jedoch dabei leicht einzelnen Händlern der Atem ausgehen.

Bei günstiger Eigen- oder Fremdmittelfinanzierung können Sie mit Zahlungszielverlängerungen Mengenabsatz und damit Umsatz und Gewinn steigern. Ist Ihre Refinanzierung teurer als die Ihrer Kunden und müßten Sie deswegen Ihr Zahlungsziel verkürzen, so werden die Kunden darauf mit Umsatzrückgängen reagieren (natürlich bedarf es in diesem Fall Ihrer sofortigen Überlegung, welche Maßnahmen zum Abfangen dieses Umsatzrückgangs zu treffen sind). Es sollte jedoch auf die Einhaltung einmal vereinbarter Zahlungsziele bestanden werden, da eine Nichteinhaltung ihre gesamte Finanzplanung unkontrollierbar machen würde, was von Ihnen nicht hingenommen werden kann.

Als allgemeiner Wirtschaftstrend kann beobachtet werden, daß aufgrund der Unterkapitalisierung vieler Firmen raschere Zahlungsziele angestrebt werden. Ein effizientes Mahnwesen soll dazu beitragen, ein Überschreiten gewährter Zahlungsziele zu vermeiden.

2.7. Analyse der Lagerhaltungserfordernisse

Input für den Geschäftsplan:
Bestimmung der optimalen Lagergröße und Anpassung an die Erfordernisse.

Ein zu hoher Lagerbestand bindet in erster Linie Liquidität, die an anderer Stelle nutzbringender eingesetzt werden könnte. In zweiter Linie verursacht zu hohe Lagerhaltung überhöhte Kosten (zum Beispiel für den Lagerraum und die mit dem Lager im Zusammenhang stehende Manipulation). Können Sie hingegen den Lagerumfang reduzieren, ohne daß damit eine Beeinträchtigung der Lieferbereitschaft oder Ihrer Produktion erfolgt, so vermehren Sie Ihre verfügbaren Zahlungsmittel, sparen Zinskosten für eine eventuelle Refinanzierung und können noch dazu Lagerhaltungskosten reduzieren.

Die Lagerhaltungsmenge wird bestimmt:

● Von der Lieferbereitschaftsnotwendigkeit
● Vom verfügbaren Lagerraum
● Von den Lagerhaltungskosten
● Von den Produktionserfordernissen
● Von der Lagerfähigkeit des Produktes
● Von Saisoneinflüssen

Mindestlagermenge

Produktionszeit in Tagen multipliziert mit dem durchschnittlichen täglichen Absatz.

Maximallagermenge

Mindestlagermenge plus einem Sicherheitszuschlag.

Wirtschaftliche Lagergröße

Lagergröße, die am wirtschaftlichsten ist in bezug auf die Kosten der Beschaffung und der Lagerhaltung.
Ermitteln Sie den für Sie am günstigsten Lagerbestand und passen Sie den gegenwärtigen entsprechend an.

2.8. Effektivitätsüberprüfung der Absatzwege

Input für den Geschäftsplan:
Stellen Sie fest, welche Absatzwege für Ihr Geschäftsfeld am meisten effektiv sind und richten Sie die bestehende Absatzorganisation darauf aus.

In der Aufbauphase eines Produktionsunternehmens bedient man sich in der Regel für nicht primäre Zielgruppenmärkte einer indirekten Absatzorganisation, vor allem beim kontinuierlichen Aufbau von Exportmärkten. Einem Vertreter eine Provision zu zahlen ist meist billiger, als von Beginn an auf einem Exportmarkt mit einer eigenen Niederlassung eine hohe Fixkostenbelastung zu tragen – es sei denn, ein derartiger Marktaufbau ist eine vorrangige strategische Zielsetzung, die mit maximalem Ressourceneinsatz erreicht werden soll und bei der Anfangsverluste bewußt in Kauf genommen werden.

Bei einer Absatzentwicklung, die die Hürden eines Marktaufbaus bereits überwunden hat, können hingegen die Kosten einer eigenen Niederlassung niedriger als laufende Provisionszahlungen an Vertreter sein. In einem solchen Fall werden Sie, unter Abschätzung der längerfristigen Absatzmöglichkeiten und Lagerhaltungserfordernisse in diesem Marktgebiet, Alternativen zu einem Vertreterabsatz in Betracht ziehen müssen. Die Alternative kann in einer starken Anbindung an Großhändler, die auch Lagerhaltungsaufgaben übernehmen, liegen, in der Gründung eines eigenen Unternehmens oder im Eingehen einer Beteiligung oder Kooperation. Berücksichtigen müssen Sie jedenfalls bei Auflösung eines Vertretungsvertrages eine den einschlägigen Gesetzen entsprechende Abschlagszahlung an den bisherigen Vertreter.

Vertretungsunternehmen beschreiten daher eine Gratwanderung, nämlich die Umsätze zur Zufriedenheit des Lieferunternehmens kontinuierlich zu entwickeln, aber doch nicht wieder so weit auszudehnen, daß sie einen Vertretungsvertrag verlieren. – Ein Lösungsansatz könnte auch sein, einem bisherigen Vertreter eine Beteiligung an einer neuen Niederlassung anzubieten.

Wurde umgekehrt eine direkte Absatzorganisation aufgebaut, könnte durch einen Wechsel zu einer Vertreterorganisation oder Belieferung einzelner Großhändler eine Kostendegression erreicht werden. Dieser Schritt könnte sich dann anbieten, wenn die tatsächlichen Erträge den geplanten, die die Voraussetzung für eine Niederlassung bildeten, nicht – oder nicht mehr – entsprechen.

Prüfen Sie daher die Kosten alternativer Absatzorganisationen und beziehen Sie in Ihre Betrachtung auch die branchenspezifischen Vor- und Nachteile von Alternativen und die Kundengewohnheiten mit ein.

Die Absatzkanäle hängen auch von den Erfordernissen des jeweiligen Geschäftsfeldes ab. So wird beispielsweise ein Berater für Industrieleistungen nicht mittels eines Vertreters arbeiten können. Geographische Erfordernisse, Niveau des Service, Möglichkeiten von Transportalternativen sind mit zu berücksichtigen.

Spezifika des direkten Absatzes

Neben den im allgemeinen höheren Kosten stellt der direkte Absatz dem Unternehmen eine Kontrolle über die Produktqualität und die Preispolitik sicher. Jedoch kann andererseits der Marktzugang durch neu einzuarbeitende Mitarbeiter im Vergleich zu branchenkundigen Vertretern begrenzt sein. Es gelingt nämlich nicht immer, den besten Verkäufer des Mitbewerbers für den Aufbau einer Niederlassung abzuwerben.

Indirekter Absatz

- Großhändler
- Kommissionsvertreter
- Franchising
- Einzelhändler

Absatzkosten

Berücksichtigen Sie die nachfolgenden Denkansätze über die Kosten der einzelnen Absatzwege in Ihrer Entscheidung über den einzuschlagenden Absatzweg:

- Kosten des eigenen Vertreters im Vergleich zur Belieferung von Großhändlern mit größeren Mengen, dafür aber mit einem niedrigeren Preis

- Kosten der eigenen Lagerhaltung im Vergleich zur Auslieferung größerer Mengen an Großhändler (die Lagerhaltungskosten bei Lieferung an Großhändler sind nicht in allen Fällen niedriger, da größere Einzelauslieferungen an Großhändler ein entsprechendes Produktions- oder Lagerhaltungsvolumen beim Produzenten zur Voraussetzung haben)
- Unterschiedliche Zahlungsziele bei direkter und indirekter Belieferung, abhängig von den Branchengepflogenheiten
- Verwaltungskostengegenüberstellung: Abrechnungen von Vertreterprovisionen, Schulungen und Kontaktpflege zum Vertreter im Vergleich zu ähnlichen Erfordernissen gegenüber einem Großhändler
- Transportkostengegenüberstellung unter Einbeziehung der Logistikansprüche der Abnehmer
- Kosten der Auftragsbearbeitung, Kosten eines Lieferscheines: Die unterschiedliche Anzahl von Vorgängen des Verkaufsinnendienstes für unterschiedliche Absatzwege führt zu unterschiedlicher Kostenbelastung

Gleichgültig ob Sie einen direkten oder indirekten Absatzweg gehen, in jedem Fall müssen Sie zu Ihrem Markt den Kontakt halten. Speziell gegenüber reinen Provisionsvertretern sollten Sie nicht von Ihrem Recht Abstand nehmen, über gemeinsame Besuche bei wichtigen Abnehmern direkte Marktinformationen zu erhalten.

Überdenken Sie daher Ihren bisherigen und legen Sie den mittelfristig zu verfolgenden Absatzweg fest.

2.9. Auswirkungen der Änderung von Transportmitteln

Input für den Geschäftsplan:
Stellen Sie eine Kosten-Nutzen-Rechnung über eigene oder fremde Transportmittel an.

Die Anschaffung von Transportmitteln (ein eigener Lkw) ist teuer und damit mit einer hohen Fixkostenbelastung verbunden. Dazu kommen dann noch die Kosten für Instandhaltung und Betrieb, die auf ein Produkt umgelegt umso höher sind, je ungleichmäßiger und weniger das Transportmittel insgesamt im Unternehmen Einsatz findet. Einer bloßen Kosten-Nutzen-Rechnung müssen jedoch in manchen Fällen Branchen- oder Imagegepflogenheiten entgegengehalten werden.

Für einen mittelgroßen Konditoreibetrieb von lokal gutem Image wäre es undenkbar, seine hochwertige Ware von fremden Kleintransportunternehmen an die eigenen Filialen anliefern zu lassen.

Im Gegensatz dazu hielt sich ein kleineres Produktionsunternehmen zur dreimal wöchentlichen Auslieferung von Waren an drei Kunden in der Nähe des Betriebsstandortes einen Klein-Lkw. Nachdem man die Abschreibungen, Betriebskosten und Personalkosten addiert hatte, erwies sich das benachbarte (teure) Kleintransportunternehmen als letzten Endes billiger, und man entschloß sich, den Klein-Lkw zu verkaufen.

Bessere eigene Flexibilität durch schnellere Kundenbelieferungsmöglichkeit kann wegen der Vielzahl gewerblicher Transportunternehmer und ihrem guten Leistungsvermögen als Begründung für einen eigenen Fuhrpark eher nicht mehr aufrechterhalten werden.

In vielen Fällen haben Unternehmen die Auslagerung von bisherigen Unternehmensfunktionen (Outsourcing) mit dem Transportwesen erfolgreich eingeleitet, Transportauslagerungen waren der Anfang für weitere Fremdvergaben.

2.10. Produktinnovationen innerhalb der letzten zehn Jahre

Input für den Geschäftsplan:
Prüfen Sie den Prozentsatz jener Ihrer derzeitigen Produkte, die bereits vor zehn Jahren zur ihrer Produktpalette gehörten. Ist die Innovationsneigung gering gewesen, so setzen Sie Maßnahmen zur Aufnahme von neuen Produkten/Leistungen in Ihr Programm.

Der Produktlebenszyklus wird immer kürzer. Unter dem Lebenszyklus eines Produktes versteht man die Zeitspanne seiner Aktualität. Sie beginnt, wenn ein neues Produkt auf dem Markt eingeführt wird und endet mit dem Zeitpunkt des Verschwindens vom Markt.

Ein extremes Beispiel für die Kürze von Produktlebenszyklen ist die Computerbranche: Eine neue Chipgeneration wird meist schon innerhalb eines Jahres von der nächstfolgenden abgelöst.– In einen extrem langen Produktlebenszyklus fallen teilweise Produkte der Nahrungsmittelindustrie: Cornflakes munden den Konsumenten schon seit Jahrzehnten.

Aufgrund der Kürze des Produktlebenszyklus müssen nun sowohl Handels- als auch Produktionsunternehmen ihre Angebotspalette auf immer neue Produkte umstellen, nach neuen Produkten gezielt suchen oder neue Produkte gezielt kontinuierlich entwickeln. Diese neuen Produkte dienen dazu, jene zu ersetzen, deren Produktlebenszyklus im Auslaufen ist.

Die Marktforschung, die Ermittlung der Kundenwünsche und Erwartungshaltungen, ist nur ein Mittel der Ideenfindung für Innovationen. Auch der umgekehrte Weg – potentiellen Abnehmern ein Produkt, das außerdem noch entwickelt werden muß, überhaupt erst »schmackhaft« zu machen – wurde erfolgreich beschritten.

Dazu ein Beispiel aus dem Großindustriebereich: Sony hatte die Idee zur Entwicklung des Walkman. Man meinte, man könne ein kleines Tonband-Kassettengerät, das jedermann mit sich herumtragen kann, einer breiten Käuferschicht anbieten, noch ehe den Abnehmern der Wunsch nach einem derartigen Gerät bewußt geworden war. Ein letztlich erfolgreicher, aber mit viel Risiko verbundener Schritt. – Der Discman war dann nicht mehr so erfolgreich, weil mehrere Hersteller gleichzeitig dieselbe Idee dafür hatten.

Letzten Endes ist aber jedes Produkt diesem Zyklus unterworfen, so daß eine Produktstagnation irgendwann einmal eine Unternehmensstagnation zur Folge haben wird. Auch Dienstleistungsunternehmen können sich diesem Regelkreis nicht entziehen: Auch sie werden sich mit immer neu entwickelten Standardtools um neue Kunden bewerben oder bisherige halten müssen.

Stellen Sie nun fest, daß der Prozentsatz Ihrer Innovationen zu gering gewesen ist, so sollte Ihre Zielsetzung in der Verbesserung der Innovationsfähigkeit liegen.

Innovationen durch Produktentwicklung

Wollen Sie selbst mit Ihrer eigenen F&E-Abteilung neue Produkte entwickeln, so kontrollieren Sie begleitend den Fortschritt bei der Entwicklung des Produktes als auch die damit verbundenen Kosten. (Die Kosten der Produktentwicklung müssen in einem angemessenen Verhältnis zur Ertragskraft des Unternehmens stehen.)

Ein neues Produkt sollte auf einem Testmarkt probeweise eingeführt werden, eventuell sind Testverkäufe auf verschiedenen Testmärkten in Kombination mit Meinungsforschung vorzunehmen.

2.11. Verpackungsänderungen innerhalb der letzten fünf Jahre

Input für den Geschäftsplan:
Erfolgen die Verpackungsänderungen in zu langen Zyklen, so sind diese zu verkürzen.

Diese Fragestellung ist nach herkömmlicher Ansicht zutreffend für Produkte, die üblicherweise mit einer markanten, produktspezifischen Verpackung geliefert werden. Aufgrund immer rigoroser werdender Verpackungsvorschriften in einzelnen Ländern zielen Verpackungsänderungen eher auf Mittel und Wege zur Reduzierung der Verpackung.

Unter dem Gesichtspunkt des Umweltschutzes kann eine Verpackungsänderung auch bedeuten, das Produkt in Hinkunft nicht mehr zu verpacken. (Waschmittel nicht mehr in Kartons sondern in Säckchen, Zahnpastatuben ohne Umverpackung etc.).

Überprüfen Sie daher Notwendigkeit, Zweckmäßigkeit und damit Kostenbelastung von Verpackungen, und zwar sowohl die Ihrer Zulieferer als auch Ihre eigenen. In beiden Richtungen können Einsparungseffekte erzielt werden, ohne daß die Kundenzufriedenheit beeinträchtigt wird.

Es gibt Beispiele aus der Hygieneindustrie, die vom Gedanken des Umweltschutzes getragen wurden: Gerade jene Firmen, die die Verpackungen ihrer Produkte fast schon spartanisch abmagerten, konnten Umsatzsteigerungen erzielen, während jene, die aufwendige, anspruchsvolle Verpackungen beibehielten, Einbußen erlitten.

2.12. Verfolgung einer Markenpolitik

Input für den Geschäftsplan:
Verfolgung einer gezielten Markenpolitik bei günstiger Kosten-Nutzen-Rechnung.

Eine gezielte Markenpolitik wird in verschiedenen Branchen noch immer als ein Mittel der Strategie angesehen, zum Beispiel in der Lebensmittel- und Bekleidungsindustrie. Wenngleich die Bedeutung der Markenpolitik langsam aber kontinuierlich abnehmen dürfte, leben einige Branchen aber noch immer recht gut davon. Markenpolitik können kleinere und mittlere Unternehmen noch betreiben, wenn Sie sich in der entsprechenden Branche bewegen und in diesen noch dazu eher eine Nischenpolitik verfolgen. Der Nutzen muß die vergleichsweisen höheren Kosten dabei überwiegen, dies sowohl auf Kunden- als auch auf Herstellerseite.

So verzichtete ein Mittelstandsunternehmen mit einem hervorragenden Nischenprodukt bewußt auf den Aufbau einer eigenen Marke. Es schloß mit mehreren Großunternehmen auf Exklusivitätsbasis Zulieferverträge ab, die es diesen ihrerseits ermöglichten, darauf eine eigene Markenpolitik zu gründen. Diese von mehreren Großunternehmen angebotenen, leicht unterschiedlichen Marken stammten somit alle eigentlich von einem Mittelstandsunternehmen. – In einem anderen Fall ging ein kleines Unternehmen einen unterschiedlichen Weg: Es begründete erfolgreich eine eigene Markenpolitik.

Machen Sie sich daher Gedanken darüber, inwieweit eine Markenpolitik für Ihr Unternehmen sinnvoll ist.

Vorteile der Markenpolitik:

● Größerer, schnellerer Bekanntheitsgrad
● Differenzierung, dadurch höherer Preis möglich

Nachteile:

● Größerer Werbeaufwand und Verkaufsförderung, damit teurer
● Notwendigkeit der Beschränkung auf wenige Vertriebskanäle

2.13. Grad der Kundenabhängigkeit

Input für den Geschäftsplan:
Haben wenige Kunden einen zu großen Anteil am Umsatz, sollte die Kundenstruktur verändert, und damit die Abhängigkeit von einigen wenigen Kunden reduziert werden.

Nehmen wir den Extremfall an, Sie haben nur einen einzigen Kunden, und dieser fällt Ihnen aus irgendeinem Grund aus (etwa wegen Insolvenz). Der Ausfall kann auch dann passieren, wenn Sie sich noch so gut als exklusiver Zulieferer vertraglich abgesichert haben. Die Existenz Ihres Unternehmens wäre im Insolvenzfall des einzigen Kunden ebenso gefährdet.

Ziel Ihrer Unternehmenspolitik muß es daher sein, die Kundenabhängigkeit so zu reduzieren, daß ein Ausfall einiger Kunden von Ihnen verkraftet werden kann.

Es gibt eine Faustregel die besagt, daß 75 Prozent des Umsatzes mit 20 Prozent der Kunden erzielt werden sollte. Ist der Prozentsatz der Kunden kleiner, so kann der Ausfall eines Kunden eine Gefährdung für Sie bedeuten: Es fehlen Ihnen die Erträge, mit denen Sie Ihre Fixkosten decken müssen.

Mittelbetrieben der Autozulieferindustrie gelingt es nur sehr allmählich, ihre Kundenstruktur zu verbessern. Ihren Bemühungen um Reduzierung der Kundenabhängigkeit stehen vertragliche Absicherungen der bisherigen Abnehmer oftmals entgegen.

Möglichkeiten der Reduzierung der Kundenabhängigkeit:

● Größere Anzahl von Kunden

● Vermehrte Zukäufe mit kurzfristigen Lieferverträgen: Bei Fremd-
zukäufen schaffen Sie eine kurzfristige Dispositionsmöglich-
keit mit dem Ziel der Kostenanpassung an die Umsatzentwicklung

● Auslagerung von Unternehmensfunktionen mit kurzfristiger
Vertragsbindung: Die ausgelagerten Leistungen müssen nur im
Bedarfsfall in Anspruch genommen werden und verursachen nur
im Bedarfsfall Kosten – und vergrößern somit Ihre Flexibilität

● Einsatz von Personal auf Leasing- bzw. Werkvertragsbasis: Derartiges Personal muß nur im Bedarfsfall eingesetzt (und bezahlt)
werden

● Anlagenmiete anstelle von Eigeninvestitionen (nicht Leasing, da
auch dabei eine längere vertragliche Bindung besteht): Die Kosten für Anlagenmieten fallen bei Nichterreichung des geplanten
Beschäftigungsniveaus ebenfalls nicht an

● Produktinnovationen für einen anderen Abnehmerkreis: Sie
versuchen, die Abhängigkeit zum traditionellen, kleinen Abnehmerkreis mit neuen Produkten für neue Abnehmer zu um-
gehen

2.14. Umsatzabhängigkeit
vom Heimmarkt

Input für den Geschäftsplan:
Untersuchen Sie, bei zu großem Heimmarktanteil Möglichkeiten auf benachbarten Märkten.

An die Problematik der Kundenabhängigkeit schließt die der lokalen Abhängigkeit an. Bei Ausfall oder Einbrüchen eines lokalen

Marktes kann gleichfalls eine Existenzgefährdung eines Unternehmens eintreten. Heimmarkt kann bei einem Unternehmen das unmittelbar benachbarte Wohneinzugsgebiet sein, bei einem anderen bestimmte Länder oder Kontinente. Die wirtschaftliche Einigung Europas bringt es mit sich, daß die Grenzen eines Heimmarktes tendenziell ständig größer werden – sie sind nicht mehr allein von der Unternehmensgröße abhängig.

Untersuchungen haben aber gezeigt, daß gerade kleine Firmen sich nur auf den Heimmarkt konzentrieren und dadurch Absatzmöglichkeiten auf benachbarten Märkten ignorieren, obwohl sich in vielen Fällen auch für kleine Unternehmen hier Möglichkeiten eröffnen könnten.

Unter Einbeziehung einer Kosten-Nutzen-Rechnung sollte grundsätzlich die einseitige Abhängigkeit von einem einzigen Markt vermieden werden. Ein Weg dazu wäre, aus der Beobachtung des Vorgehens von Firmen, die in benachbarten Märkten bereits erfolgreich tätig geworden sind, die eigene Strategie aufzubauen.

2.15. Effizienzüberprüfung des Verkaufs

Input für den Geschäftsplan:
Überprüfen Sie die bisherige Effizienz des Verkaufs und setzen Sie die allenfalls daraus resultierenden Maßnahmen zur Verbesserung.

Eine Ineffizienz des Verkaufs liegt keineswegs bei den Verkäufern allein, im selben Ausmaß kann die Ursache in der Organisation und in ihrer mangelhaften innerbetrieblichen Unterstützung liegen.

Eruieren Sie anhand der Gegenüberstellung von Indizes verschiedener Jahre die Effizienz Ihres Verkaufs und verbessern Sie diese. Änderungserfordernisse werden aus einer eventuell negativen Veränderung der Indizes erkennbar, beziehungsweise aus der rückläufigen Entwicklung des absoluten Indexwertes im Vergleich zum Mitbewerb. So könnte ein Indexvergleich ergeben, daß Sie in vergangenen Jahren von zehn gelegten Angeboten einen Auftrag realisieren konnten, während jetzt aus fünfzehn Angeboten ein Auftrag resultiert. Auch wenn die Angebotsanzahl von zehn unverändert geblieben wäre, könnte dieser Wert im Vergleich zum Mitbewerb Ihrer Branche zu hoch liegen.

Indizes zur Überprüfung der Verkaufseffizienz:

- Anzahl der Angebote
- Anzahl neuer Kunden
- Deckungsbeitrag je Auftrag
- Größe des Einzelauftrages
- Art der verkauften Produkte
- Kundenbesuche pro Tag
- Kundenbesuche je Kunde
- Verwaltungstätigkeiten des Verkaufspersonals
- Anteil artfremder Verkaufstätigkeiten (Administration)

Möglichkeiten der Verbesserung der Effizienz:

- Schulungen: über Verkaufstechnik und die Eigenschaften der abzusetzenden Produkte
- Personalaustausch: Neueinstellungen; Freisetzungen, wenn das Leistungspotential des derzeitigen Personals nicht verbessert werden kann
- Verbesserte Software-Unterstützung des Verkaufs: innerbetrieblichen Ablauf verbessern; aussagekräftige Preislisten, Verkaufs- und Kalkulationsunterlagen erstellen; Kundeninformationssystem installieren
- Verbesserte Hardware-Unterstützung: durch verbesserte Arbeitsplatzorganisation Verbesserung der Kommunikation untereinander und mit anderen innerbetrieblichen Bereichen; Verbesserung der Arbeitsmittel (Computer, Telefon, Fax)

2.16. Intensität von Public-Relations-Aktionen

Input für den Geschäftsplan:
Ermittlung von Möglichkeiten für Public-Relations-Aktionen.

Während der Begriff der Werbung auf die Produkte direkt bezogen ist, will Public Relations (PR) in der Öffentlichkeit um Vertrauen für die Unternehmung werben – es entsteht wiederum ein Werbeeffekt. Ein gutes Ansehen des Unternehmens in der Öffentlichkeit wird damit auch zur Voraussetzung für den Erfolg der Werbung. Informieren Sie Zeitungen, Wirtschaftsjournale, technische Journale über Neuigkeiten in Ihrem Geschäftsfeld. Dabei sollte eher indirekt auf Ihr Unternehmen Bezug genommen werden. Derartig lancierte Informationen sind oft wirkungsvoller als bloße Anzeigen in Publikationen.

Ist der Erfolg von Werbemaßnahmen schon schwierig zu bestimmen, so ist die Erfolgskontrolle von PR-Aktionen noch viel problematischer. Ein positives Ansehen in der Öffentlichkeit, die nicht mit dem Abnehmerkreis ident sein muß, kann in Krisensituationen ein Unternehmen wirksam unterstützen. Aus diesem Grunde sollten Sie als Minimalanforderung eine konfliktfreie Gesprächsbasis mit den lokalen Medienvertretern, denen ihrer wichtigsten Märkte und denen der Fachpresse, aufrechterhalten. Aus Nicht-Kunden können plötzlich potentielle Kunden werden (Berufswechsel), niemand kauft gerne bei einem Unternehmen mit schlechtem Image.

Das Image wird geprägt durch:

- Die Stellung der Produkte im Markt und deren Einordnung in ein bestimmtes Marktsegment
- Die Akzeptanz der Handlungen/Vorgehensweise der Mitarbeiter

● Das äußere Erscheinungsbild des Unternehmens (örtliche Ansiedelung, Büroausstattung, Beleuchtung, Farbe etc.)

2.17. Festlegung der Service- und Qualitätsstandards

Input für den Geschäftsplan:
Festlegung der Service- und Qualitätskriterien und Information an alle Mitarbeiter.

Alle Handlungen *aller* Mitarbeiter sind auf die Standards von Service und Qualität auszurichten, was bedeutet, daß nicht nur etwa die Verkaufsabteilung danach vorzugehen hat, sondern eben wirklich *alle* Mitarbeiter. Das schließt auch die Telefonistin, die Sekretärin einer technischen Abteilung, die nur gelegentlich direkten Kundenkontakt hat, oder den Firmenportier, der nach Dienstschluß »nur« alle Telefonate entgegennimmt, ein.

Mit dem Wissen über den Standard in Service und Qualität erlangen Mitarbeiter zugleich auch das Verständnis, wenn sie indirekt, durch »Zuarbeiten« an Kollegen, an der Realisierung dieses Ziels mitarbeiten müssen. Die bloße Wissensvermittlung »über unsere Standards« sollte jedoch noch durch psychologische Schulungsmaßnahmen ergänzt werden.

Mit einem in der Praxis immer wieder vorkommenden Beispiel soll dies verdeutlicht werden: Aufgrund einer Kundenanfrage verlangt ein Verkaufsbetreuer von einem Mitarbeiter einer internen Abteilung eine umgehende Auskunft. Der »Interne« faßt dies als Befriedigung eines Kundenwunsches auf und reagiert prompt, er sieht darin nicht ein persönliches Eindringen eines Kollegen in »seine Sphäre«, sondern seine Mitarbeit am gemeinsamen Ziel.

Die Information an die Mitarbeiter kann mittels Aushang am Informationsbrett, mittels persönlichem Schreiben, in Schulungen, vor allem aber durch das Aufzeigen von Vorbildern erfolgen. Bei der Vorbildwirkung soll als wesentlich das Verhalten von Vorgesetzten betont werden. Wird für Mitarbeiter ein gegenteiliges Verhalten von Vorgesetzten erkennbar, so wird damit möglicherweise eine lange Aufbauarbeit in dieser Hinsicht zerstört.

Ihre Service- und Qualitätsstandards legen Sie fest, indem Sie einheitlich bestimmen:

- Wie Kunden zu behandeln sind
- Welche Zeit für Kundenwünsche verwendet werden soll
- Wie auf Kundenwünsche eingegangen werden soll
- Wie und in welcher Zeit Reklamationen behandelt werden sollen
- Wie das Kundenservice durchgeführt werden soll
- Wie auf Zahlungsverzögerungen eingegangen wird

Einer der Erfolge von Franchising liegt in der Festsetzung von einheitlichen Qualitätskriterien: »Ein McDonald's hat auf der ganzen Welt nicht nur gleich zu schmecken, die Kunden werden auch einheitlich betreut!«

3. Produktion

Unter Produktion ist der eigentliche Bereich der betrieblichen Leistungserstellung zu verstehen. Da dieses Buch sich gleichermaßen an Produktions- als auch Handels- und Dienstleistungsunternehmen wendet, werden darin generell gültige Fragestellungen erhoben. Themen wie Kostenrechnung oder Verpackung etc. sind wesentliche Fragestellungen, gleichgültig ob eine Ware produziert oder ob nur damit gehandelt wird. Von Kostenrechung und Qualitätskontrolle zum Beispiel sind aber auch Dienstleistungsunternehmen tangiert.

Fassen Sie, wie immer, die einzelnen Punkte als Indikatoren für die Situation des Unternehmens auf: Fällt Ihre Antwort eher auf die linke Seite der Checkliste auf Seite 165, so werden Sie sich intensiver und umfassender mit der Thematik befassen und wahrscheinlich Verbesserungsmaßnahmen in Ihre Zielsetzung aufnehmen müssen.

3.1. Effizienzüberprüfung des Kostenrechnungssystems

Input für den Geschäftsplan:
Aufbau einer unternehmensinternen Kostenrechnung und Minimierung der Kosten.

Das Vorhandensein einer Kostenrechnung ist eine Selbstverständlichkeit. Es geht bei diesem Punkt nicht um eine inhaltliche Überprüfung der Ergebnisse der Kostenrechnung (das folgt anschließend im Punkt 3.2.), es geht vielmehr um das bei Ihnen verwendete Kostenrechnungs*system* an sich. In vielen Unternehmen ist nämlich das Kostenrechnungssystem leider unzulänglich: Im Unternehmensaufbau, mit wenig differenzierten Produkten oder Leistungen, wird eine Vollkostenrechnung installiert, die man selbst dann noch beibehält, wenn eine größere Differenzierung von Produkten/Leistungen etwa bereits eine Deckungsbeitragsrechnung als Entscheidungsgrundlage aussagekräftiger machen würde.

Es soll hier nicht für einen bestimmten Typ der Kostenrechnung als allein seligmachend geworben werden – leider gibt es sehr viel Literatur, die hier eine einseitige Wertung vornimmt. Für welches Kostenrechnungssystem Sie sich entscheiden sollen, hängt in erster Linie von den innerbetrieblichen Notwendigkeiten ab. Es hängt weiters ab von Ihren finanziellen Möglichkeiten für eine Neuanschaffung von Hard- und Softwaresystemen, von der Leistungsfähigkeit und Erweiterungsmöglichkeit Ihrer vorhandenen Systeme, vom innerbetrieblichen Ablauf etc. Trotz dieser Bandbreite an Gestaltungsmöglichkeiten bleibt jedoch wegen ihrer zu geringen Aussagekraft eine Vollkostenrechnung nur für ganz wenige Unternehmen geeignet.

Bei Neuinstallationen konnte ich zwei gravierende Fehlentscheidungen beobachten:

● Ein häufiger Fehler ist die Installierung eines zu mächtigen Systems, das dann für einen Klein- oder Mittelstandsbetrieb zu teuer und auch zu schwer bedienbar wird: Die Verkaufsunterlagen und die Versprechungen von so manchem bekannten Systemanbieter sind oft besser bzw. größer als der Nutzen: Ein System, das viel (oder alles) zu können behauptet, erfordert auch einen umfangreichen Schulungs- und Wartungsaufwand. Diesen können sich aber in der Regel nur entsprechend große Unternehmen leisten, die dann auch tatsächlich alle Systemmöglichkeiten ausschöpfen müssen, was auf kleinere Unternehmen vielfach nicht zutrifft. – *Lassen Sie sich daher von einem System weder finanziell noch personell überfordern.*

● Es wird ein an sich fertiges Systempaket gekauft und entsprechend modifiziert: Leider stellt sich dann immer später heraus, trotz vorheriger Zusicherungen der Lieferfirma, daß die Modifikationen nie wirklich funktionieren und immer aufwendiger sind als vorher zugesichert wurde. *– Es ist billiger eine vorhandene Organisation an ein fertiges Systempaket anzupassen, als ein Paket auf eine vorhandene Organisation zu modifizieren.*

Zögern Sie auch nicht, ein zu groß dimensioniertes oder im Betrieb zu teures System zu wechseln, wobei Sie die Auswirkungen auf Ihre Finanzplanung mitberücksichtigen müssen.

Ziehen Sie zur Unterstützung bei der Lösung aller mit EDV und Kostenrechnung zusammenhängenden Fragen einen unabhängigen Betriebsberater hinzu.

Leider haben viele Firmen zu geringe Kenntnis über die tatsächlichen Kosten eines hergestellten Produktes bzw. über Kosten, die aus dem Handel mit Produkten resultieren (siehe dazu auch weiter unten).

Ein Kostenrechnungssystem soll Ihnen daher möglichst folgende Informationen aufbereiten:

● Kosten des Materials (in Handelsbetrieben: Kosten des Zukaufs)
● Personalkosten für die Herstellung (in Handelsbetrieben: Kosten des Warenhandlings)
● Erfassung der Rüstzeiten
● Maschinenkosten
● Verpackungskosten
● Finanzierungskosten (während der Produktion bzw. während der Lagerzeit)

3.2. Controlling der Soll-Ist-Kosten

Input für den Geschäftsplan:
Aufbau eines Soll-Ist-Controlling-Systems.

Unter Soll-Ist-Vergleich versteht man die Gegenüberstellung geplanter und tatsächlich entstandener Kosten. Ziele dieser Kostenkontrolle sind die Überwachung der Kostenentwicklung und die Analyse von Abweichungen durch die Entscheidungsträger der einzelnen Kostenstellen. Ein Kostenrechnungssystem zu haben ist eine Sache. Eine andere Sache ist es, diese Kosten in den einzelnen Perioden gegenüberzustellen und für zukünftige Perioden Produktionskosten zu planen.

Soll-Ist-Vergleiche sind nicht nur in den einzelnen Kostenstellen, sondern auch bei den Kostenträgern durchzuführen. Damit sollen bei einzelnen Aufträgen/Projekten die kalkulierten Kosten den tatsächlich angefallenen Kosten gegenübergestellt werden. Dies hilft unter anderem Handwerksbetrieben festzustellen, ob die Preiskalkulation eines Auftrages richtig war, um daraus für zukünftige ähnliche Aufträge richtige, mindestens kostendeckende Kalkulationen durchführen zu können.

In der einfachsten Form eines derartigen Vergleichs werden bei Handwerksbetrieben Aufzeichnungen für angefallene Stunden eines Auftrags der vorkalkulierten Stundenanzahl gegenübergestellt.

Mittels am Markt erhältlicher Standardsoftware kann ein derartiges Kostenplanungssystem direkt mit der Finanzbuchhaltung verknüpft werden.

3.3. Grad der Maschinennutzung

Input für den Geschäftsplan:
Verbesserung der Maschinenauslastung, alternativ Auslagerung von Funktionsbereichen oder Zukäufe.

Der Grad der Maschinennutzung hat direkte Auswirkungen auf die Kosten: Ein höherer Auslastungsgrad senkt die Stückkosten. Es ist daher billiger, wenn eine teure Maschine 24 Stunden am Tag läuft, als wenn sie täglich nur drei Stunden in Betrieb ist.

Kann eine höhere Maschinenauslastung nicht erreicht werden, ist zu untersuchen, ob die Teile (oder ganze Komponenten) nicht günstiger von auswärts bezogen werden können (»make or buy«) und, falls dies zutrifft, die Maschine verkauft werden kann.

3.4. Lagerhaltungserfordernisse für Vormaterialien

Input für den Geschäftsplan:
Optimierung der Lagerhaltungserfordernisse.

Wurde das Erfordernis der Vormateriallagerhaltung regelmäßig überprüft. Wieviel Vormaterial muß tatsächlich auf Lager gehalten werden?

Die Lagerhaltungsmenge wird bestimmt:

- Von der Lieferbereitschaft
- Vom verfügbaren Lagerraum
- Von den Lagerhaltungskosten
- Von den Beschaffungskosten
- Von den Produktionserfordernissen
- Von der Lagerfähigkeit des Produktes
- Von Saisoneinflüssen

Mindestlagermenge

Beschaffungszeit in Tagen mal durchschnittlicher täglicher Absatz

Maximallagermenge

Mindestlagermenge plus Sicherheitszuschlag

Wirtschaftliche Bestellgröße

Lagergröße, die am wirtschaftlichsten ist in bezug auf die Kosten der Beschaffung und der Lagerhaltung. (Dem Kapitel F können Sie eine Formel zur Berechnung der wirtschaftlichen Bestellgrößen entnehmen – siehe Seite 273.)

Ebenso wie möglicherweise von Ihnen als Zulieferer an Großunternehmen eine Just-in-time-Lieferung verlangt wird, sollten Sie dies auch von Ihren Unterlieferanten verlangen.

»Just-in-time« bedeutet die Zulieferung von Materialen unmittelbar zum Zeitpunkt der Weiterverarbeitung im Empfängerbetrieb. Zur Erreichung dieses Ziels werden Zulieferer zur EDV-Verknüpfung mit dem Empfängerbetrieb verpflichtet.

3.5. Überprüfung der Bestände des Fertigproduktlagers

Input für den Geschäftsplan:
Optimierung des Fertigproduktlagers.

Überprüfung der Aktualität der auf Lager befindlichen Fertigprodukte. Die Produkte können veraltet aber auch verdorben sein.

Die Erkenntnisse aus der Überprüfung des Fertigproduktelagers haben direkte Auswirkungen auf:

- Die Produktionskosten (jede Lagerhaltung kostet Geld)
- Die zukünftigen Produktionsmengen
- Die Effektivität des Verkaufs
- Das Produkt selbst (Aktualität, Design, technologischer Stand)
- Die Finanzierungserfordernisse
- Die Bilanz (Abwertungserfordernisse)

Ist der Anteil schwer verkäuflicher Produkte groß, so empfiehlt sich ein Lagerabbau mittels Preisnachlässen, die noch dazu dann kostenneutral sind, wenn diese Rabatte nicht teurer zu stehen kommen als die Lagerhaltungskosten/Finanzierungskosten bei einem Nicht-Verkauf. Sie schaffen dadurch zusätzliche Liquidität, die Sie für andere Projekte verwenden können.

3.6. Ausmaß der Qualitätskontrolle

Input für den Geschäftsplan:
Festlegung eines erforderlichen Qualitätsstandards und der dafür notwendigen Maßnahmen.

In welchem Ausmaß wird die Qualität der Produkte während der Produktion oder bei Anlieferung von Handelswaren überprüft? Gute Qualität erhöht die Kundenzufriedenheit, senkt aber auch die Kosten in der Produktion (Nacharbeit) und beim Service (Reklamationen).

Möglichkeiten der Qualitätskontrolle:

● Qualitätskontrollabteilungen
● Die Mitarbeiter der Produktion kontrollieren den von ihnen hergestellten/bearbeiteten Teil selbst (»Lean Production«)

Messung der Qualität:

● Anzahl der Reklamationen
● Lebensdauer des Produktes
● Umfang von Ersatzteilbestellungen

Prüfen Sie, ob für Ihre Produkte im Sinne der Aufrechterhaltung der Wettbewerbsfähigkeit ein Qualitätsstandard nach den internationalen ISO-9000-Normen empfehlenswert ist, die für immer mehr Branchen zu einer Notwendigkeit werden. Zeichnet sich diese Umstellung auch für Ihr Unternehmen ab, so nehmen Sie mit einem Consultingunternehmen für die Einführung der Normen rechtzeitig Kontakt auf. Eine Anpassung des Unternehmens an diese Normen kann nicht kurzfristig erfolgen, da eine größere Umstellung damit verbunden sein könnte. Außerdem müssen Sie rechtzeitig für die Deckung des erforderlichen Kapitalbedarfs vorsorgen.

3.7. Überprüfung der Höhe des Materialanteils

Input für den Geschäftsplan:
Materialanteil auf Reduzierungsmöglichkeiten überprüfen und Reduzierung durchführen.

Sind die Materialkosten zu senken, indem andere, billigere Materialien eingesetzt werden, oder vom gleichen Material weniger verwendet wird? Kann der Materialanteil durch Konstruktionsänderungen gesenkt werden? Viele Produkte kann man erfahrungsgemäß mit einem geringeren Materialanteil herstellen, ohne daß die Qualität darunter leidet.
Ein geeignetes Instrumentarium zur Feststellung des erforderlichen Materialanteils und der Konstruktion bildet das Verfahren der »Wertanalyse«. Es handelt sich dabei um ein analytisches Verfahren, das auf der *Hinterfragung* des Nutzens von Konstruktion und Materialen beruht. Diese Methode ist in DIN 69910 und ÖNORM A 6750 geregelt.

3.8. Abhängigkeit von Sublieferanten

Input für den Geschäftsplan:
Verringerung der Abhängigkeit oder entsprechende vertragliche Einbindung und Überwachung.

Wie viele Sublieferanten werden im Durchschnitt für die wesentlichen Komponenten (Schlüsselkomponenten) in jedem Geschäftsfeld herangezogen?

Bei der Abhängigkeit von einem oder wenigen Lieferanten besteht die gleiche Problematik wie bei der Abhängigkeit von einem Kunden. Bei Ausfall eines Lieferanten, bei plötzlich auftretenden Qualitätsproblemen, unerwartet vorgenommenen Preisveränderungen, können aus der *einseitigen* Abhängigkeit schwerwiegende Probleme für die eigene Geschäftstätigkeit resultieren. Es ist zu untersuchen, ob bei Sublieferanten eine Abhängigkeit im Bereich der *Schlüsselkomponenten* besteht, *also nicht bei einfachen Vormaterialien* (»Commodities«), wie zum Beispiel Schrauben oder Eisenprofilen, sondern eher bei Elektronikkomponenten. Wenige Sublieferanten haben aber auch Vorteile – nämlich dann, wenn sie in langfristigen Verträgen an das Unternehmen gebunden sind und zudem die wirtschaftliche Entwicklung überwacht werden kann. Die Vorteile der Zusammenarbeit mit wenigen Sublieferanten liegen weiters im geringeren eigenen Aufwand für Verwaltung und Logistik und in der Kenntnis der Qualität dieses Lieferanten. In der internationalen Automobilindustrie besteht derzeit ein Trend, die Zahl der Sublieferanten noch weiter zu verringern.

3.9. Überprüfung des Produktionsablaufs

Input für den Geschäftsplan:
Überprüfung des Produktionsablaufs und der Produktionstechnologie, Durchführung von Verbesserungen.

Wann wurde zuletzt der Produktionsablauf hinsichtlich Effizienz und damit Einsparungsmöglichkeiten überprüft? Sind durch Änderungen der Produktionstechnologie Einsparungsmöglichkeiten erzielbar? Ist das gesamte Layout der Produktion nach dem neuesten Standard?

Allein schon durch Verbesserung des bloßen Ablaufes der Produktion (etwa durch eine andere Anordnung der Maschinen) lassen sich vielfach Vereinfachungen und damit Kosteneinsparungen erzielen. In zweiter Linie kann die Produktionstechnologie (durch bessere Maschinen) optimiert werden: Hier sind jedoch entsprechende Investitionen und damit Finanzmittel notwendig.

Anstelle eines Ersatzes von Maschinen sollte auch darüber befunden werden, ob die zu produzierenden Teile nicht kostengünstiger am Markt beschafft werden könnten.

Ist die Maschine in der Technologie veraltet, hat sie zuviel Wartungsaufwand, ist sie sehr reparaturanfällig und hat damit sehr viele Stehzeiten? Vielfach sind die Maschinen von vornherein für eine bestimmte Lebensdauer oder für bestimmte Produktionsgeschwindigkeiten ausgelegt, so daß Ersatzanschaffungen gleich für umfassendere Änderungen genutzt werden könnten.

Verbesserungen können somit vorgenommen werden mittels:

● Neuanschaffung von Maschinen
● Umbau vorhandener Maschinen
● Änderung der Maschinenanordnung (unter Hinzuziehung von einschlägig technisch orientierten Beratern der betreffenden Branche)
● Auslagerungen (Zukäufe)

3.10. Überprüfung der Transportverpackung

Input für den Geschäftsplan:
Setzen von Maßnahmen zur Verbesserung/Vereinfachung der Verpackung.

Es soll damit auf die Frage der reinen Transportverpackung Bezug genommen werden, die zum Schutz der Ware vor Beschädigungen während des Transportes dient, insbesondere dann, wenn mehrere Einzelprodukte (in Schachteln, Kisten, auf Paletten etc.) zusammen transportiert werden. Dies trifft auch bei Konsumgütern zu, bei denen die Transportverpackung nicht für den Endabnehmer ersichtlich ist, beispielsweise wenn das Produkt im Einzelhandelsgeschäft in ein Regal gestellt wird. – Nicht damit gemeint sind Verpackungsnotwendigkeiten (siehe Seite 101), die sich aus dem Marketing ergeben und die wir auch dort behandelt haben.

Dies schließt aber nicht aus, die Produktverpackung selbst (in Übereinstimmung mit den Marketingzielen) so zu vereinfachen, daß damit auch eine Vereinfachung (Verbilligung) der Transportverpackung verbunden ist.

Das Risiko von Transportbeschädigungen durch weniger aufwendige Verpackungen ist den höheren Kosten einer aufwendigeren Verpackung gegenüberzustellen.

Zum Beispiel konnte ich bei einem Hersteller von Aluminiumprofilen sehen, daß dieser jahrelang seine Produkte in Holzkisten transportierte, während die Mitbewerber schon längst nur mehr mittels einer Holzverstrebung auslieferten.

Bei einem Haus-zu-Haus-Transport der Waren direkt zum Kunden kann die Verpackung vielfach weniger aufwendig gewählt werden, als wenn unter mehrfacher Umladung Großhändler beliefert werden. Es sind daher die Kosten einer differenzierteren Verpackung, je nach Versandart, denen einer einheitlichen Verpackung gegenüberzustellen.

Das gleiche betrifft die Verpackungseinheiten: Muß man zum Beispiel 20 Tuben in einen Karton verpacken, wobei dann die einzelnen Kartons wiederum auf einer Palette zu verpacken sind, oder können gleich 1000 Tuben direkt auf der Palette verpackt werden? Muß das Produkt in 1-kg-Mengen abgepackt werden, oder werden vom Markt, von der Käuferzielgruppe, auch Verpackungen von 10 kg akzeptiert?

Auf dem Markt haben sich bereits zahlreiche Unternehmen etabliert, die ausschließlich Verpackungsleistungen anbieten. Prüfen Sie doch auch einmal deren Angebot!

3.11. Verbesserung der Arbeitsproduktivität

Input für den Geschäftsplan:
Durchführung von Maßnahmen zur Verbesserung der Produktivität.

Unter Arbeitsproduktivität versteht man die Verbesserung der Leistung pro Arbeitnehmer. Ziel ist, weniger Personal für die gleiche Produktions-/Absatzmenge einzusetzen *oder mit dem gleichen Personal eine Produktions-/Absatzsteigerung zu erzielen.*
Die Möglichkeit der Mengensteigerung mittels Verbesserung der Arbeitsproduktivität ist besonders hervorzuheben, weil sie oftmals übersehen wird. Zurecht wird manchem Unternehmer von Arbeitnehmerseite vorgeworfen, keine besseren Ideen als die von (vorschnellen) Personalfreisetzungen zu haben, anstatt für ein Mehr an Menge (oder auch Qualität) das produktiver gewordene Personal weiterzubeschäftigen.
Die Arbeitsproduktivität wird durch Verbesserung des Arbeitsablaufs, durch Verbesserung der Ausbildung der Arbeitnehmer, aber auch durch die Verbesserung der Produktionstechnologie erzielt.
Die Fragestellung tangiert grundsätzlich sämtliche Einzelelemente des Unternehmens, ihr kommt jedoch im Zusammenhang mit der Produktion die größte Bedeutung zu.

4. Finanzen, Rechnungswesen

Der Gesamtzustand eines Unternehmens spiegelt sich in dessen Finanzen wider. Die Finanzen sind somit die in Geld ausgedrückte Leistungsfähigkeit des Unternehmens.

4.1. Effizienzprüfung des Rechnungswesens

Input für den Geschäftsplan:
Anpassung des Rechnungswesensystems und der damit verbundenen Arbeitsabläufe.

Die Fragestellung bezieht sich auf die Effizienz der Hard- und Software der Finanzbuchhaltung und auf die darauf aufbauenden Systeme (Kostenrechnung, Budgetplanung, Mahnwesen etc.).

Anforderungen an die Finanzbuchhaltung:

● Es muß rasch und genau erkennbar sein,»wohin das Geld fließt«
● Die Debitoren- und Kreditorenverbuchung muß einfach durchführbar und leicht verfolgbar sein (Identifizierung der überfälligen Zahlungen)
● Die Mehrwertsteuerabrechnungen müssen pünktlich und genau erfolgen
● Leichte Bedienbarkeit (nicht zu komplizierte Software)
● Vermeidung von Manipulationsmöglichkeiten durch Mitarbeiter (zum Beispiel Kontrolle der Eingangsrechnungen, Buchhalter darf nicht an sich selbst Überweisungen durchführen)
● Arbeitsabläufe klar, einfach und geregelt (geringer Personaleinsatz)

- Informationsmöglichkeiten für das Management, Möglichkeit von Sonderauswertungen, Vergleichen, Statistiken
- Integrationsmöglichkeit mit Kostenrechnungssystem und Planungssystem
- Software muß hardwareneutral sein (damit Software herstellerunabhängig auch auf anderer Hardware lauffähig ist)
- Datenimportmöglichkeit der bestehenden Software in andere Softwaresysteme (um einerseits eine größere Herstellerunabhängigkeit zu bekommen, andererseits einen Datentransfer mit Zulieferern oder Kunden durchführen zu können)
- »Euro-Fähigkeit« des gesamten Systems des Rechnungswesens
- »Millenniumsfähigkeit« des Systems

(Siehe zu den beiden letzten Punkten auch Seite 275 bis 279.)

Software-/Hardware-Anforderungen richten sich im einzelnen nach der Größe und den spezifischen Anforderungen des Unternehmens. Zusätzlich zu den unmittelbaren Finanz- und Rechnungswesensapplikationen müssen eventuell Verknüpfungen/Einbindungen von technischen und/oder Erfordernissen aus der Produktion mitberücksichtigt werden: Eine idente Plattform von kaufmännischen und technischen Aufgabenstellungen ist allein schon wegen geringerer Hardwarekosten insgesamt naheliegend.

Niedrige Hard- und Softwarepreise erlauben es selbst Kleinstunternehmen, daß ein Rechnungswesen nicht mehr mittels Kontoblättern händisch geführt werden muß.

Wenn Sie das Rechnungswesen an Fremdfirmen (zum Beispiel Steuerberater) ausgliedern wollen, so sollten Sie darauf achten, daß Sie aus der EDV-Anlage dieser Fremdfirma Ihre Daten für Auswertungen etc. direkt einlesen können. Umgekehrt sollten Sie Ihre Rechnungswesen-Daten in das System Ihres Wirtschaftsprüfers für die Erstellung der Bilanz einlesen können.

Entscheiden Sie unter dem Gesichtspunkt der Kosteneffizienz und der raschen Verfügbarkeit von Informationen, ob bzw. bis zu welchem Grad Sie Teile Ihres Rechnungswesens an Dritte auslagern können.

Lohn- und Gehaltsabrechnungen sollten jedenfalls meiner Erfahrung nach allein schon wegen der Kompliziertheit der Materie und der ständigen gesetzlichen Änderungen an ein darauf spezialisiertes Rechenzentrum ausgelagert werden.

4.2. Genauigkeit der Finanzplanung

Input für den Geschäftsplan:
Bewerten Sie die bisherige Genauigkeit Ihrer Finanzplanung (als zentraler Teil der Quantifizierung), eruieren Sie die Gründe der bisherigen Ungenauigkeit und setzen Sie geeignete Maßnahmen zur Verbesserung Ihrer detaillierten Finanzplanung (Cash-flow-Planung) für die nächsten zwölf Monate und der daran anschließenden global gehaltenen Planung.

Die Finanzplanung (Cash-flow-Planung) ist einer der Schlüsselpunkte für den Erfolg eines Unternehmens. Jedes auch noch so kleine Unternehmen sollte seine Geldmittel auf Monatsbasis für das erste Jahr und »grob« für die nächsten zwei bis drei Jahre planen.

Unter Finanzplanung versteht man einen Plan über den tatsächlichen Fluß von Geldmitteln, also Ein- und Auszahlungen, im Unterschied von Forderungen und Verbindlichkeiten. Es sind somit die tatsächlichen Zahlungsein- und -ausgänge revolvierend zu planen. Den Planwerten sind Ist-Werte gegenüberzustellen, und die Abweichungsursachen sind zu erheben. Das Ergebnis eines positiven Finanzplans ist mit dem Begriff einer »vorhandenen Liquidität« des Unternehmens gleichzusetzen.

Das Ausmaß des Cash-flows spiegelt die Zahlungsfähigkeit des Unternehmens wider. Ist die Zahlungsfähigkeit nicht mehr gegeben, so liegt ein Konkursgrund vor, gleichgültig, ob das Unternehmen noch Forderungen gegenüber Dritten hat, die zu einem entfernteren Zeitpunkt fällig werden.

Mittels Cash-flow-Simulation können die Auswirkungen der verschiedenen beabsichtigten Maßnahmen des Unternehmens beurteilt werden. Dies dient auch der besseren Beurteilungsmöglichkeit der finanziellen Auswirkungen von größeren Investitionen und der Bestimmung ihres optimalen Zeitpunktes.

Zusätzlich zur Steigerung des Umsatzes kann durch eine Reihe von *sonstigen Maßnahmen* eine *Verbesserung der Liquidität* des Unternehmens erzielt werden:

● Rechnungen so schnell als möglich, unmittelbar bei Durchführung der Lieferung, erstellen
● Zahlungsziele für Kunden so kurz wie möglich halten
● Verfolgung der Kundenzahlungen durch einen verantwortlichen Mitarbeiter
● Bankkredite minimieren, so daß Bareinzahlungen umgehend auf ein Kreditkonto zur Verringerung des Zinsaufwandes überwiesen werden
● Kundenreklamationen so schnell wie möglich abhandeln, so daß von diesen ein Argument für verzögerte Zahlungen entfällt
● Anbieten von Skonti für prompte Zahlungen (die Rabatte müssen dabei unter den Refinanzierungskosten liegen)
● Überprüfung von Factoring-Möglichkeiten
● Zahlungen an Lieferanten verzögern bzw. Skonti für prompte eigene Zahlungen in Anspruch nehmen (Skonti müssen größer sein als eigene Finanzierungskosten), Teilzahlungen bei Unterlieferanten
● Beschleunigung des Prozeßablaufes (siehe Beispiel auf Seite 174 f)
● Absicherung von Währungsrisiken für Zu- und Auslieferungen
● Kreditkonditionen bei verschiedenen Banken vergleichen
● Reduzierung der Lagerhaltung (Vor- und Fertigprodukte), Just-in-time-Lieferung

● Leasing anstatt Kauf mit Kredit (aber Vorsicht: Leasing verbessert zwar die momentane Liquidität, ist aber insgesamt gegenüber einem Kredit meist teurer, dazu kommt, daß die hochgerechneten Leasingverbindlichkeiten für die Zwecke der Unternehmensbewertung meist den Verbindlichkeiten hinzugerechnet werden)

Die Technik der Erstellung eines Finanzplans wird in Kapitel E, Punkt 1 (Seite 173ff), dargestellt.

4.3. Veränderung der Overheadkosten

Input für den Geschäftsplan:
Maßnahmen zur Reduzierung der Overheadkosten setzen.

Unter dem Begriff Overheadkosten versteht man die Gemeinkosten des Verwaltungs- und Vertriebsbereiches, die – abhängig von der Art des jeweiligen Kostenrechnungssystems – in Stufen oder mittels einer Schlüsselung den Produktionskosten (in Handelsunternehmen: dem Wareneinstandspreis als Handlungskosten) hinzuzurechnen sind. Der Endpreis eines Produktes setzt sich somit aus den Produktionskosten, den Overheadkosten, Finanzierungskosten und dem Gewinn zusammen.

Die Kostenentwicklung im Verwaltungs- und Vertriebsbereich erfolgt vielfach nicht parallel zur Produktionskostenentwicklung. Durchgeführten Kostensenkungsmaßnahmen im Produktionsbereich stehen leider vielfach nicht ebensolche der Overheadkosten gegenüber; der Prozentsatz der Overheadkosten steigt somit im Verhältnis zum Prozentsatz der Produktionskosten. Dies kann auch dann der Fall sein, wenn in absoluten Größen gemessen die Produktionskosten weniger stark steigen als die Verwaltungs- und Vertriebskosten. Aus diesem Grunde muß die absolute und prozentuale Höhe der Overheads laufend überwacht werden.

Bei negativen Veränderungen, also bei Erhöhung des Prozentsatzes, sind ein oder mehrere *Korrekturmaßnahmen* in folgenden Bereichen notwendig:

● Prüfung der Lohn- und Gehaltshöhe im Overheadbereich: Gerade in kleinen Unternehmen ist es vielfach möglich, Lohn-/Gehaltssteigerungen an die Steigerung der Rentabilität zu binden
● Zu hoher Stand des nichtproduktiven Personals: Sekretariat, Assistenten etc. Jede Organisation neigt dazu, die Verwaltung überproportional zu vergrößern (zu viele Direktoren, Chauffeure, Sekretärinnen …)
● Überprüfung der Tätigkeiten des Personals, das eigentlich für den Ablauf der Geschäftstätigkeit nicht erforderlich wäre, aber doch im Laufe der Zeit aus irgendwelchen Gründen dazugekommen ist, ohne daß *jetzt* noch jemand weiß, warum …
● Einsparungen bei den EDV-Kosten
● Bessere und billigere Raumnutzung: Vielfach resultiert aus dem Unternehmenswachstum eine unkontrolliert große Beanspruchung von Bürofläche durch den Overheadbereich. Diese kalkulatorische Kosten für die Raumnutzung können möglicherweise reduziert werden. Ebenso kann es sein, daß Teile des Unternehmens räumlich überhaupt nicht genutzt werden. Auch diese Kosten werden letztendlich dem Overheadbereich zugerechnet. Auf zu teure, aufwendige Ausstattung des Overheadbereiches kann ebenso verzichtet werden
● Energiekosten (Heizung und Beleuchtung): geringere Raumtemperatur, Energiesparlampen
● Reduzierung vieler »kleiner« Ausgaben: Dahinter verbirgt sich ein nicht zu unterschätzendes Einsparungspotential

Mittels einer *Gemeinkosten-Wertanalyse* werden die Kosten des Overheadbereiches auf ihre Effizienz hin untersucht. Das Verfahren leitet sich aus dem Fertigungsbereich bzw. den technischen Auslegungserfordernissen von Produktionsgütern ab. Dieses von dort bekannte systematische Vorgehen wurde für den Overheadbereich anwendbar gemacht.

Das Verfahren erfaßt die Tätigkeiten der einzelnen Mitarbeiter und beurteilt, welchen Wert diese Tätigkeiten für die Gesamtorganisation darstellen. Die systematischen Gemeinkostenanalyseverfahren sollten nur mit Unterstützung von externen Experten durchgeführt werden, da auf diese Weise die vielfach entgegengesetzten Interessen leichter ausgeglichen werden können.

Unabhängig vom Einsatz dieses sehr komplexen Wertanalyseverfahrens sollte der Unternehmer eines Klein- und Mittelstandsbetriebes in regelmäßigen Zeiträumen die Notwendigkeit aller Kostenpositionen des Overheadbereiches in Frage stellen.

4.4. Verwendung von Kennzahlen

Input für den Geschäftsplan:
Installieren Sie geeignete Kennzahlenvergleiche im Unternehmen und legen Sie Kennzahlenzielwerte in der Planung fest.

Kennzahlenvergleiche innerhalb eines Unternehmens werden erst bei Vergleich mehrerer Perioden aussagekräftig. Ebenso verhält es sich, wenn Vergleiche der eigenen Kennzahlen mit denen anderer Unternehmen oder des Branchendurchschnitts vorgenommen werden.

Mittels Kennzahlen kann die *Entwicklung* der Leistungsfähigkeit des eigenen Unternehmens und die *aktuelle* Leistungsfähigkeit im Vergleich zu der anderer Unternehmen beurteilt werden.

Die am meisten gebräuchlichen Kennzahlen sind *Umsatz* und *Gewinn* und das Verhältnis von Gewinn und Umsatz, die *Rentabilität*. Sie spiegeln aber das Unternehmen in seiner Gesamtheit nur sehr unvollständig wider. Erst durch eine größere Anzahl von Kennzahlen ist dies möglich.

Die Durchschnittskennzahlen von einzelnen Branchen werden meist von Interessensverbänden oder staatlichen Forschungsstellen erhoben und den einzelnen Unternehmen auf Anfrage zur Verfügung gestellt. Kennzahlen können auch aus den Bilanzen der Mitbewerber erarbeitet werden. (Die Bilanzen von Kapitalgesellschaften müssen bei größeren Gesellschaften publiziert, bei allen jedoch beim zuständigen Handelsgericht hinterlegt werden.)

Einzelne Kennzahlen werden in Kapitel E, Punkt 4 (Seite 247ff), erläutert.

4.5. Zahlungsausfälle und Wertberichtigungserfordernisse

Input für den Geschäftsplan:
Halten Sie Ihren Wertberichtigungsbedarf sowie Zahlungsausfälle gering.

Eine Erhöhung von Schadensfällen wegen Zahlungsausfalls eines Kunden und die damit erforderlichen Wertberichtigungen können den Bestand eines Unternehmens gefährden. Unternehmensinsolvenzen haben in zahlreichen Fällen eine Insolvenz anderer, an sich gesunder Unternehmen zur Folge. Bei einer Finanzplanung ohne Reservemöglichkeiten kann bereits der Ausfall einer Kundenzahlung in der Höhe von zehn Prozent des Gesamtumsatzes zu einer Existenzgefährdung führen.

Maßnahmen zur Verringerung des Zahlungsausfallrisikos:

● Verbesserung der Bonitätsprüfung
● Verkürzung/Änderung der Zahlungsziele
● Abschluß von Versicherungen
● Forderungsverkauf (Factoring)

● Reservebildung im Finanzplan
● Barzahlung anstelle Zahlungsziel

4.6. Investitionsrechnungen

Input für den Geschäftsplan:
Eignen Sie sich für Investitionsentscheidungen ein Rechenverfahren an und führen Sie, zumindest vor größeren Investitionen, eine Investitionsrechnung durch.

Für die Beurteilung der Zweckmäßigkeit einer Investition sollte eine Investitionsrechnung durchgeführt werden. Die gebräuchlichsten Investitionsrechenverfahren sind: Gewinn-Kosten-Vergleichsrechnung, Annuitäten- und Kapitalwertmethode. Die ausschließliche Anwendung eines bestimmten Verfahrens in Ihrem Unternehmen bietet auch eine Vergleichsmöglichkeit an sich nicht zusammenhängender Vorhaben.
In vielen Fällen erscheint eine Investition fürs erste notwendig – ist es aber oft nicht, wenn man die Kosten der Investition dem Nutzen für das Unternehmen gegenüberstellt. Umgekehrt werden aus einer rein gefühlsmäßigen Beurteilung Investitionen nicht durchgeführt, die sich aber bei näherer Untersuchung doch rechnen würden.
Investitionsrechnungsverfahren können auch zur Beurteilung des Kaufs von Lizenzen oder der Durchführung von Forschungs- und Entwicklungsvorhaben verwendet werden.
Im Kapitel F, Punkt 1(Seite 259ff) sind einfache Verfahren der Investitionsrechnung dargestellt.

4.7. Pläne zur Finanzmittelbeschaffung

Input für den Geschäftsplan:
Konkretisieren Sie Ihre langfristige Planung der Finanzmittel-
beschaffung.

Ein *vermehrter Finanzmittelbedarf,* der über die Finanzmittelzu-
gänge der laufenden Einzahlungen aus den Umsätzen hinausgeht,
entsteht durch:

● Überproportional hohe Vorfinanzierungen (für Handelswaren
  oder Vormaterialzukauf) bei einer beabsichtigten Umsatzausweitung
● Größere Investitionsvorhaben, die aus dem laufenden Umsatz
  nicht finanziert werden können
● Unabsehbare, größere Zahlungsausfälle
● Die Notwendigkeit zur Überbrückung eines (vorübergehenden)
  Umsatzeinbruchs und der dadurch verursachten zu geringen Fixkostendeckung (ist der Umsatzeinbruch anhaltend, müssen auch
  die Kosten entsprechend reduziert werden)
● Durch Verluste aus Vorperioden

Es ist somit die Beschaffung jener zusätzlichen Finanzmittel zu
planen, die aus der normalen Geschäftätigkeit des Unternehmens
nicht mehr zu decken sind, oder für die seitens der Eigentümer keine zusätzlichen eigenen Mittel aufgebracht werden können. Die
Mittelbeschaffung kann entweder durch Fremdkapital in Form von
Beteiligungen oder durch Kreditgewährung von Bankinstituten
erfolgen.

Klein- und Mittelstandsunternehmen suchen in vielen Fällen eine
Beteiligung eines mittätigen Investors. Bei der Auswahl des Investors sollten Sie sich von folgenden Überlegungen leiten lassen:

● Erhebung des Kapitalnachweises von privaten Investoren

- Prüfung von Synergieeffekten
- Übereinstimmung der Unternehmensphilosophie
- Übereinstimmung in der Arbeitsweise
- Sympathie
- Vermeidung von Konkurrenzsituationen

Personenkreis einer Privatbeteiligung:

- Familie
- Freunde
- Lieferanten
- Kunden
- Geschäftspartner
- Konkurrenten
- Finanzinvestoren (Banken, Finanzierungsconsultants)

Sprechen Sie ein *Bankinstitut* bezüglich einer Kreditgewährung an, so beurteilen Sie das Bankoffert nicht ausschließlich nach den Konditionen. Die Konditionen stellen nur einen Teil einer Beziehung zu einer Bank dar, *ebenso sollen berücksichtigt werden:*

- Finanzkraft von Bankinstituten
- Risikobereitschaft eines Bankinstitutes
- Die von ihnen verlangten Deckungserfordernisse
- Übereinstimmung Ihrer Unternehmerphilosophie mit der des Bankinstituts

Kontaktieren Sie Ihre Bank vor allem *rechtzeitig* – und nicht erst dann, wenn sich Ihre Finanzierungslücke schon zu einer drohenden Zahlungsunfähigkeit auszuweiten beginnt. Legen Sie Ihrem Bankinstitut die Gründe des Liquiditätsengpasses sowie die Wege und Mittel offen, die Sie wählen wollen, um wiederum zu einer Finanzierung aus eigener Stärke zu finden. Sehen Sie das Bankinstitut als Ihren Partner an, der Ihnen helfen will, dessen Informationsbedürfnis Sie aber auch zufriedenstellend erfüllen müssen.

Ein plausibler Geschäftsplan wird von den Banken zunehmend zur Grundlage der Erfüllung weiterer Finanzierungswünsche genommen, meist begleitet durch laufende, erhöhte Controlling-Anforderungen. Die finanzielle Bandbreite, in der sich Unternehmen bewegen, wird zunehmend dadurch enger, daß die Risikobereitschaft mancher Bankinstitute gesunken ist und Finanzierungen nur mehr gegen entsprechende Sicherheiten erfolgen. Insbesondere Neugründungen von Unternehmen werden auf diese Weise erschwert. Für Sie soll es nur der Hinweis sein, eine ausreichende Unternehmensfinanzierung sicherzustellen. Es gibt nach wie vor Institute, die auf eine Risikofinanzierung spezialisiert sind. Ein Weg, um diese für Ihren Plan einzunehmen, ist ein überzeugend aufbereiteter Geschäftsplan.

> **Ohne ausreichende Finanzierung setzt die »Spirale des Niedergangs« ein: Durch fehlende Finanzmittel können die notwendigen Ausgaben nicht mehr vorgenommen werden, woraus wiederum Umsatzrückgänge resultieren. Dadurch wird die finanzielle Situation nur noch gespannter, was eine um so größere Einschränkung notwendiger Ausgaben zur Folge hat und die »Spirale nach unten« neuerlich in Gang setzt. Das bittere Ende Ihres Unternehmens kann damit irgendwann einmal unabwendbar werden. Aber wenn Sie rechtzeitig handeln, können Sie diese »tödliche« Spirale unterbrechen.**

Die Einführung des Euro hat keinen Einfluß auf Ihre Kreditverträge, die Laufzeiten und die Höhe der Zinsen verändern sich durch die Umstellung allein nicht. Sie könnten allerdings durch die Bewertung des Euro im Vergleich zu anderen Währungen oder wegen der globalen wirtschaftlichen Entwicklung innerhalb des Euro-Marktes eine Änderung erfahren.

5. Personal

Es liegt im ureigensten, letztlich finanziell begründeten Interesse eines Unternehmens, Aspekte des Personals in seine Überlegungen miteinzubeziehen. Nur die fachlich geeigneten Mitarbeiter, die zugleich entsprechend motiviert sind, tragen letztlich zum Erfolg des Unternehmens bei. Die fachliche Qualifikation bei fehlender Motivation – oder die Motivation bei fehlender fachlicher Qualifikation – allein reicht für die Effektivität der Mitarbeiter nicht aus. Vielfach wird gerade von Kleinunternehmen die Personalseite vernachlässigt, zum Nachteil des Unternehmens. Eine gezielte Befassung mit der Personalthematik kann die Unternehmenseffizienz und damit die Ertragslage eines Kleinunternehmens stark verbessern.

5.1. Mitarbeitermotivation, Betriebsklima

Input für den Geschäftsplan:
Erhebung der Motivation und Setzen von Maßnahmen zur Verbesserung der Motivation und des Betriebsklimas.

Die Leistungsbereitschaft und das Engagement der Mitarbeiter müssen ständig beobachtet werden. Oft ist ihr Fehlen ein Indikator für andere Schwächen des Unternehmens, die von den Mitarbeitern viel genauer und früher wahrgenommen werden, als dies der Unternehmer selbst vermag.

Eine offene Informationspolitik gegenüber allen Mitarbeitern hat sich in der Praxis langfristig als viel erfolgreicher herausgestellt, als über Probleme ohne die Hinzuziehung von Mitarbeitern zu entscheiden. Das heißt nicht, daß Entscheidungen nur im Konsens mit den Mitarbeitern getroffen werden sollen. Im Gegenteil, die Mitarbeiter verlangen klare Entscheidungen – sie sollten nur in den Prozeß der Entscheidungsfindung miteinbezogen und über getroffene Entscheidungen informiert werden.

> **Vor die Wahl nach einem Zuviel oder Zuwenig in der Informationspolitik gestellt, würde ich eher das Risiko eines Zuviel eingehen. Mein Vorschlag geht sogar so weit, auch die Höhe von Löhnen und Gehältern im Unternehmen vollkommen offenzulegen. Die eventuell daraus resultierende Unruhe unter den Mitarbeitern ist meist nur kurz, längerfristig führt sie meiner Meinung nach eher zum Ausgleich und damit letztlich zur Zufriedenheit und verbesserten Motivation.**

Als Unternehmer sollten Sie Ihren Mitarbeitern grundsätzlich einen Vorschuß an Vertrauen geben. Sie müssen aber unverzüglich und mit eindeutiger Konsequenz vorgehen, wenn Vertrauen mißbraucht wird. Das Betriebsklima kann durch externe Berater erhoben werden; der sich ergebende Status soll das Unternehmen zu entsprechenden Reaktionen veranlassen.

Hinweise auf die Motivation der Mitarbeiter ergeben sich aus dem Prozentsatz der Selbstkündigungen im Verhältnis zum Gesamtpersonal, Anzahl der Krankenstände (Kurzkrankenstände), Unfallhäufigkeit etc.

Maßnahmen zur Verbesserung:

- Bessere Information
- Einbeziehung in Entscheidungen
- Übertragung von Verantwortung
- Setzen von Zielen
- Klare Zuordnung von Aufgaben
- Erfolgsbeteiligungen
- Organisationsrichtlinien

- Stellenbeschreibungen
- Kontrolle der Absenzen (Krankenstände)

5.2. Erfolgsbeteiligungsmodelle

Input für den Geschäftsplan:
Prüfen Sie Möglichkeiten von Erfolgsbeteiligungsmodellen.

Aufgrund der Aktualität werden Erfolgsbeteiligungsmodelle als separater Faktor zur Hebung von Leistungsbereitschaft betrachtet. Erfolgsbeteiligung sollte nicht Umsatzbeteiligung, sondern Gewinnbeteiligung sein. Eine bloße Umsatzbeteiligung führt in der Regel zu Fehlentwicklungen: Es werden auch/vorwiegend Aufträge mit schlechter Ertragskraft akquiriert/akzeptiert, nur um den Umsatz zu steigern.

Gewinnbeteiligungen (= Erfolgsbeteiligungen) sind langfristig erfolgversprechender als die übertarifliche Bezahlung oder Gehaltssteigerungen, die bei Nachlassen der Motivation oder der Ertragskraft des Unternehmens nicht mehr zurückgenommen werden können und somit irreversibel sind.

Variantenmöglichkeiten einer Erfolgsbeteiligung:

- Ein fixer Anteil vom Gewinn wird an die Mitarbeiter verteilt, zum Beispiel zehn Prozent gleichmäßig auf alle Mitarbeiter
- Ein Anteil am Gewinn wird nach Konsultation mit den Mitarbeitern, aber letztlich aufgrund der Entscheidung des Unternehmers, auf die Mitarbeiter im Verhältnis ihres Anteils am Erfolg verteilt.
- Ein fixer Prozentsatz des Erfolges von Aufträgen wird verteilt, zum Beispiel drei Prozent vom Erfolg der Aufträge; diese Variante ist vor allem für den Verkauf geeignet

- Die Gewinnbeteiligung wird in eine Unternehmensbeteiligung umgewandelt
- Mischformen für Mitarbeiter, je nach ihrem Beitrag und ihrer Verantwortung

5.3. Zielvereinbarungen für die Mitarbeiter

Input für den Geschäftsplan:
Vereinbaren Sie individuell persönlich zu erreichende Ziele mit den Mitarbeitern.

Gibt es im Unternehmen mit den Mitarbeitern Zielvereinbarungen, Ziele, die sie in Ausübung ihrer Unternehmensfunktion im nächsten Jahr erreichen sollen?

Die Ziele müssen konkret sein und von dem jeweiligen Mitarbeiter erreicht werden können, wie beispielsweise die Gewinnung von drei neuen Kunden durch einen Verkäufer oder die Verringerung der Ausfallzeit einer Maschine um 20 Prozent gegenüber dem Status quo.

Bei der Zielsetzung kann es sich auch um Gruppen-, bzw. Abteilungszielsetzungen handeln, wobei die Gruppe in Ihrer Gesamtheit für das Erreichen dieser Ziele verantwortlich ist.

Ziele geben einem Mitarbeiter genau vor, was von ihm in der nächsten Periode erwartet wird. Werden Ziele durch bestimmte Fehler von Mitarbeitern nicht erreicht, so können derartige Fehlleistungen konkret erkannt werden, wodurch die Argumentationsführung bei arbeitsrechtlichen Konflikten für den Unternehmer erleichtert wird.

Einem neu eingetretenen Mitarbeiter sind die Ziele Richtschnur für sein Handeln im Unternehmen. Zielvereinbarungen können in Stellenbeschreibungen aufgenommen werden, sind aber begrifflich mit diesen nicht gleichzusetzen.

Im allgemeinen sind Stellenbeschreibungen weniger konkret als Zielvereinbarungen, vor allem deswegen, weil Ziele einen revolvierenden Charakter haben und für die einzelnen Perioden neu definiert werden. Die Stelle (und damit die Stellenbeschreibung) bleibt hingegen länger unverändert.

5.4. Personalbedarfsplanung

Input für den Geschäftsplan:
Erstellung einer Personalbedarfsplanung.

Die Überlebensfähigkeit eines Unternehmens ist nur dann gewährleistet, wenn genügend Personal in der erforderlichen Qualität zur Verfügung steht. Die Qualifikation des Personals hängt von den derzeitigen spezifischen Anforderungen des Unternehmens ab sowie von der zukünftig geplanten Entwicklung und damit den zukünftigen Qualifikationsanforderungen.
Es ist in gleicher Weise unwirtschaftlich, überqualifiziertes Personal als auch unterqualifiziertes Personal zu beschäftigen: Überqualifiziertes Personal ist zu teuer, die Motivation ist nicht gegeben. Wenn die Anforderungen geringer als die Qualifikation sind, sinkt damit auch die Leistung.
Bei einer *gravierenden* Unterqualifizierung können die Anforderungen nicht erfüllt werden. Eine *leichte* Unterqualifizierung führt jedoch zu einer Motivationssteigerung, woraus eine Qualifikationssteigerung resultiert, die die Unterqualifizierung kompensiert – die Mitarbeiter wachsen mit ihrem Unternehmen mit. Dies ist insbesondere dann zu erwarten, wenn die Mitarbeiter in artverwandten Gebieten tätig waren oder eine fehlende theoretische Ausbildung durch Praxiserfahrung kompensiert werden kann.

Der Personalbedarf kann abgeleitet werden aus:

- Verkaufsfläche, Ladenfläche
- Anzahl der Artikel
- Kundenstruktur
- Umsatz
- Vorschriften der Maschinenhersteller
- Personaleinsatz von Mitbewerbern
- Gesetzliche Vorschriften
- Lokale Umfeldbedingungen
- Anzahl der Belege, Buchungen, Rechnungen
- Größe des Verkaufsgebietes, zu fahrende Strecke
- Komplexität der Aufgabenstellungen

Vor einer qualitativen Personalplanung ist eine *Einschätzung* des Potentials an Fähigkeiten, der Leistungsbereitschaft und der Interessenslage des *vorhandenen* Personals vorzunehmen. Darauf baut eine Personalplanung in qualitativer und quantitativer Hinsicht auf. Allenfalls ist die Personalplanung durch geeignete Schulungs- und Seminarplanung zu ergänzen.

Näheres zum Thema Personalbedarfsplanung entnehmen Sie bitte dem Kapitel F, Punkt 2 (Seite 269 ff).

5.5. Überprüfung der Einstellungspolitik

Input für den Geschäftsplan:
Zur Erzielung der größtmöglichen Personaleffizienz sollte die Einstellungspolitik für neueinzustellendes Personal festgelegt werden.

Die Einstellungspolitik kann für ein Unternehmen in seiner Gesamtheit nicht einheitlich sein, aber für den jeweils gleichen Qualifikations-/Funktionslevel muß einheitlich vorgegangen werden.

Festlegung von Entscheidungskriterien über die Eignung von Bewerbern:

● Sympathie
● Leistungsbereitschaft
● Qualifikation
● Gehaltsforderungen
● Beziehungen

Festlegung der Personalbeschaffungswege:

● Freundes-/Bekanntenkreis
● Von Konkurrenten
● Durch Personalberater
● Annoncen in Zeitungen
● Lokal
● Gebietsübergreifend

5.6. Planung von Trainingsmaßnahmen

Input für den Geschäftsplan:
Planung von Anzahl und Inhalt von Trainingsmaßnahmen.

Auch bei Mitarbeitern, die durch Jahre dieselben Tätigkeiten ausüben, ändern sich vielfach die spezifischen Anforderungen und Vorgehensweisen. Selbst einer Verkäuferin in einem Detailgeschäft wird heute ein anderes Vorgehen gegenüber Kunden abverlangt, als es in der Vergangenheit üblich war. Die Qualität der Beratung und der dafür erforderliche Zeitaufwand ändert sich in den einzelnen Branchen. Eine *generelle* Zunahme der Beratungsintensität ist aber sicher nicht zutreffend. Vielmehr sind immer mehr Branchen einem extremen Kostendruck ausgesetzt, dem sie gewöhnlich durch Personaleinsparungen – also einer Rücknahme der Beratungsintensität – begegnen.

Notwendigkeit von Trainingsmaßnahmen:

● Zur Motivationssteigerung
● Bei Änderungen von Branchengepflogenheiten
● Bei technischen Änderungen
● Bei geänderten kaufmännischen Anforderungen

Bestimmen Sie die Mitarbeiter, die an Fortbildungsmaßnahmen teilnehmen sollen, und legen Sie die Inhalte, Qualität und Intensität der Fortbildungsmaßnahmen fest.

5.7. Behandlung von Mitarbeiterbeschwerden

Input für den Geschäftsplan:
Überlegen Sie, ob Sie in der Vergangenheit Mitarbeiterbeschwerden korrekt behandelt haben und was Sie aus der bisherigen Handhabung für die Zukunft ableiten wollen.

Es geht hier um die Art der Behandlung von Beschwerden von Mitarbeitern oder Problemen, die zwischen Unternehmensführung und Mitarbeitern auftreten. Die Möglichkeiten liegen zwischen der autoritären Entscheidung durch den Vorgesetzten und der Einschaltung von externen Beratern.

Die Behandlung von Mitarbeiterbeschwerden soll *nicht* dazu führen, Mitarbeitern *in allen Fällen* ein Mitentscheidungsrecht einzuräumen. Der Umfang des Mitentscheidungsrechtes ist in *jedem Einzelfall* abzuwägen. Die Tragweite der Entscheidung, die Qualifikation und letztlich persönliche Aspekte, sowohl auf Mitarbeiter- als auch Vorgesetztenseite, müssen in die Abwägung einbezogen werden. Nach Möglichkeit sollten Mitarbeiter ihren Standpunkt zumindest darlegen können. Bei unüberbrückbaren Meinungsdifferenzen, die aus irgendwelchen Gründen nicht autoritär entschieden werden, könnten externe Berater beigezogen werden. Da die Aufstellung einer *allgemeingültigen* Regel für die zukünftige Behandlung von Mitarbeiterbeschwerden nicht möglich ist, kann nur aus der Reflexion der Vergangenheit für zukünftige Fälle gelernt werden.

5.8. Einhaltung der gesetzlichen Vorschriften

Input für den Geschäftsplan:
Eruieren Sie die Bereiche, in denen gesetzliche Bestimmungen nicht eingehalten werden, und setzen Sie Maßnahmen, die sicherstellen, daß zukünftig alles in Ordnung ist.

Leider werden von vielen Unternehmen gesetzliche Auflagen (des Arbeitsschutzes usw.) nicht erfüllt, weil die Belegschaft nicht auf die Einhaltung gedrungen hat, weil Behörden eine Durchsetzung, aus welchen Gründen auch immer, bisher nicht versucht haben, oder weil sie vom Unternehmen über Jahre hinweg einfach vergessen wurden. Wird nun behördlicherseits plötzlich auf die Erfüllung gedrungen, so kann daraus eine Reihe von notwendigen technischen, organisatorischen, finanziellen Maßnahmen resultieren, die plötzlich umfangreiche Finanzmittel binden.

Gesetzliche Vorschriften können beispielsweise betreffen:

● Mindestgehalt
● Arbeitszeiten
● Schutzbestimmungen für Frauen/Schwangere
● Sicherheitsvorkehrungen am Arbeitsplatz
● Sanitäre Bestimmungen
● Datenschutzbestimmungen

- Arbeitsbewilligungen
- Gewerkschaftliche Rechte
- Ruhezeiten

Eruieren Sie allfällige Defizite und planen Sie deren Behebung.

6. Verwaltung, Management

Dieses Kapitel behandelt alle Einzelthemen, die sich auf die Verwaltung des Unternehmens und das Management in seiner Gesamtheit beziehen.

6.1. Engagement von Eigentümer/Geschäftsleitung

Input für den Geschäftsplan:
Legen Sie das erforderliche Ausmaß des Eigentümer-/Geschäftsleitungsengagements fest.

Ein Eigentümer, der seine Funktion im wesentlichen in der Zurverfügungstellung von Kapital sieht und nicht in einer operativen Unternehmenstätigkeit, sollte dennoch ein Mindestmaß an Überwachung im Unternehmen ausüben. Berichte des Managements sollten nicht einfach entgegengenommen, sondern auch geprüft werden. Grundlegende Unternehmensentscheidungen sollten von Eigentümerseite genehmigt werden.
Berichte des Managements an Eigentümer können einseitig, unvollständig oder von einer Wunschvorstellung getragen sein.
Das Engagement des Eigentümers kann bis zu Direktgesprächen/ Interventionen mit/bei Mitarbeitern unterhalb der Managementebene reichen. Das Eigentümerengagement kann sich auch in unangemeldeten Betriebsbesuchen und Rundgängen ausdrücken. – Die Ausübung des Engagements hat in allen Fällen so zu erfolgen, daß dabei eine Schwächung der Managementposition in den Augen der Mitarbeiter nicht erfolgt. Die Autorität des Managements darf nicht untergraben werden.

Im selben Ausmaß wird den Unternehmensleitungen – unabhängig von einer eventuell gleichzeitigen Eigentümerfunktion – in Durchbrechung hierarchischer Strukturen eine Direkteinflußnahme auf das Unternehmensgeschehen empfohlen. Geschäftsführungen dürfen sich nicht bloß als »Dirigenten« des Unternehmens verstehen, sie würden dadurch von der operativen Basis isoliert werden. Die Intensität des Engagements hängt von der Art, der Größe und sonstigen Unternehmensspezifika ab. Das Engagement kann zum Beispiel ausgedrückt werden durch:

● Besuche, Rundgänge
● Anforderung von Spezialberichten
● Sitzungen, Meetings
● Informelle Informationsgespräche

Barnevik, der Chef von ABB, soll gesagt haben: »Ich will, daß mich zumindest alle zwei Jahre jeder Mitarbeiter meines Unternehmens zumindest einmal zu Gesicht bekommt.« – Ein ehrgeiziges Ziel bei etwa 200.000 Mitarbeitern!

6.2. Kommunikationssystem

Input für den Geschäftsplan:
Festlegung des horizontalen und vertikalen Informationsflusses im Unternehmen.

An dieser Stelle wird der vertikale und horizontale Informationsfluß innerhalb des Unternehmens behandelt – inwieweit, auf welche Weise und in welchem Umfang die Mitarbeiter im Unternehmen worüber informiert werden.

Kommunikation kann auf folgende Weise erfolgen :

● Mündlich informell
● Schriftlich
● In formellen Meetings
● EDV-Mailing-System

Inhalt der Kommunikation:

● Dem jeweiligen Aufgabenkreis entsprechend
● Den unmittelbaren Aufgabenkreis überschreitend
● Das Gesamtunternehmen betreffend

Umfang:

● Details
● Globale Ziffern
● Trends

Die Optimierung der Kommunikation führt, neben einem verbesserten Betriebsablauf, zu einer Steigerung der Mitarbeitermotivation und damit zu einer Verbesserung der Effizienz.

Der Umfang sollte auf die jeweiligen Unternehmenserfordernisse abgestimmt werden und zusätzlich im Einklang mit den finanziellen Möglichkeiten des Unternehmens stehen. (Die Einführung eines vernetzten EDV-Mailing-Systems empfiehlt sich erst ab entsprechender Unternehmensgröße.)

Als Mindestinformation sollte die Unternehmensstrategie, die operativen Unternehmenszielsetzungen und (weitgehend) Kunden- und Lieferantendaten erfaßt und den Mitarbeitern zugänglich gemacht werden.

Die Kunden-/Lieferantendatei soll umfassen:

● Name, Adresse, Telefon, Fax, E-Mail
● Ansprechperson
● Kunde seit ...
● Umsatz pro Jahr, gegliedert in die einzelnen Produkte
● Größe der Einzelaufträge
● Rabatte
● Zahlungsbedingungen
● Lieferbedingungen
● Ertragskraft der Aufträge (eingeschränkt auf bestimmte Mitarbeiter)
● Besonderheiten des Kunden
● Umsatzpotential für künftige Jahre

6.3. Controlling-/Management-Informationssystem (MIS)

Input für den Geschäftsplan:
Entwicklung eines einfachen, auf die Unternehmenserfordernisse abgestimmten Informationssystems.

Unter Management-Informationssystem (MIS) wird die automatische Generierung von Informationen aus dem vorhandenen EDV-System verstanden. Es handelt sich um Datenmaterial, das entscheidungsorientiert und entscheidungsvorbereitend neu zusammengestellt bzw. aufbereitet wird. – Keines der am Markt befindlichen »voll integrierten« Systeme hat sich jedoch bisher in der Praxis bewährt, keines kann Klein- und Mittelstandsunternehmen wegen der zu großen Kompliziertheit in der Handhabung und zu großer Wartungserfordernisse nahegelegt werden.
Der Datentransfer aus dem Rechnungswesen für Controlling-

zwecke hat sich aus diesem Grunde an den EDV-technischen Möglichkeiten zu orientieren. An diese Gegebenheiten angepaßt, werden Detaildaten für Controlling- bzw. Management-Informationszwecke aufbereitet.

Dem Management jeden Monat einen Stapel von EDV-Ausdrucken in der Höhe von fast einem Meter zu übergeben, wie ich dies einmal beobachten konnte, ist sinnlos! Die Informationen müssen verständlich aufbereitet und zusammengestellt werden.

Monatlicher Berichtsumfang:

- Soll-Ist-Vergleich Umsatz
- Soll-Ist-Vergleich Auftragseingang
- Aktualisierte Finanzplanung
- Soll-Ist-Vergleich Lagerbestand
- (Personalstand)

Vierteljährlich, mindestens jedoch jährlich:

- Bilanz
- Gewinn- und Verlustrechnung
- Personalstand
- Kundenstruktur
- Lieferantenstruktur
- Fristigkeit von Forderungen und Verbindlichkeiten
- Strategische Einordnung bzw. Aussichten des Unternehmens im Vergleich zu den Mitbewerbern

6.4. Effizienz des EDV-Systems

Input für den Geschäftsplan:
Erarbeiten Sie eine EDV-Strategie und berücksichtigen Sie die
dafür notwendigen Kosten in der Finanzplanung.

Vorrangige EDV-Einsatzgebiete:

- Rechnungswesen
- Produktionssteuerung
- Materialwirtschaft
- Schriftverkehr (interne und externe Kommunikation: Fax-Möglichkeit aus dem PC und E-Mails sollten auch bei Kleinstunternehmen schon zur Selbstverständlichkeit werden)
- CAD

Die EDV (Software und Hardware) muß für die Unternehmenserfordernisse entsprechend dimensioniert sein und die Möglichkeit für Erweiterungen offen lassen.

EDV-Unzulänglichkeiten wurden vielfach Ursache für Unternehmenszusammenbrüche, weil Fehlinvestitionen nur mit gewaltigen Neuinvestitionen korrigiert werden konnten, wofür dann in vielen Fällen letztlich das nötige Kapital gefehlt hatte.

EDV-Probleme:

- EDV zu groß dimensioniert und daher zu teuer in der Wartung (Programmierer für Wartung erforderlich)
- EDV zu klein dimensioniert und nicht erweiterbar (Erweiterung nur mit einer kompletten Neuinvestition möglich)
- Software zu komplex (umfangreiche Hardware erforderlich, zusätzlich zeitintensiver Lernaufwand für Bedienung)
- Software zu einfach (die notwendigen Informationen sind nicht verfügbar)

Untersuchungen in den USA haben gezeigt, daß eine Schwerge-
wichtsverlagerung auf EDV-Investitionen allein nicht zu einer entsprechenden Effizienzsteigerung der Betriebsabläufe führt.
Achten Sie daher bei Ihrer EDV-Strategie auf die richtige Dimen-
sionierung, die Herstellerunabhängigkeit und offene Erweiterungsmöglichkeit.

**Wählen Sie eine EDV-Software, die Ihren Betriebsabläufen
möglichst nahe kommt, und passen Sie dann die Betriebsabläufe der EDV an.** Eine Anpassung von Software an die
Betriebsabläufe hat sich in der Praxis als unwirtschaftlich
erwiesen.

Ist ein Datenaustausch mit Kunden oder Lieferanten erforderlich,
so achten Sie auf die Möglichkeit des Datentransfers.

EDV-Strategie:

● Beginnen Sie in Kleinunternehmen mit einer Einzelplatzlösung,
die Sie erweitern können
● Wählen Sie eine einfache, billige Software, deren Datenbestand
später, wenn erforderlich, auf eine komplexere Lösung übertragen werden kann
● Berücksichtigen Sie bei der Auswahl der Software den erforderlichen Zeitaufwand für die Erlernung
● Achten Sie auf eine Netzwerkfähigkeit (bei Kleinunternehmen:
ohne am Anfang gleich ein Netzwerk zu installieren)
● Ein Computer auf dem Schreibtisch soll keine Prestigesache
sein; stellen Sie daher nur jenen Mitarbeitern einen Computer
zur Verfügung, die ihn tatsächlich benötigen
● Richten Sie die interne Organisation, Sitzplatzeinteilung etc., so
ein, daß sich auch mehrere Mitarbeiter, die nicht ständig damit
arbeiten müssen, einen Computer teilen können

6.5. Durchlaufzeiten (Auftragsbearbeitung)

Input für den Geschäftsplan:
Setzen sie organisatorische Maßnahmen zur Verbesserung der Durchlaufzeiten in Auftragsabwicklung, Produktion, Entwicklung.

Messen Sie die Veränderung und die absolute Höhe des Zeitaufwandes für einzelne Unternehmensfunktionen. Erweist sich der Zeitaufwand als zu hoch, so sind die Ursachen zu ermitteln und Maßnahmen für eine Reduzierung zu treffen. – Der Grund für einen zu hohen Zeitaufwand kann in allen Unternehmensfunktionen liegen, vielfach ist es die Länge der Auftragsbearbeitung, Arbeitsvorbereitung und die unzureichende Logistik beim Versand. Branchengepflogenheiten, Mitbewerber, vor allem »Just-in-time« zwingen Unternehmen zur Optimierung der Betriebsabläufe und damit zur Minimierung der Durchlaufzeiten.

Ein Zeitaufwand von einem halben Tag zwischen dem Einlangen eines Auftrages und dem Beginn seiner Abwicklung (Arbeitsvorbereitung, Einplanung in die Produktion, Vormaterialbestellung etc.) wird damit schon zur gerade noch tolerierbaren Obergrenze. – Wenn Sie mit einem Mitbewerber gleichgezogen haben, so können sie sich auf diesem Kissen nicht ausruhen, auch der Mitbewerber will sich verbessern.

6.6. Aktivitäten bei Interessenverbänden

Input für den Geschäftsplan:
Prüfen Sie die Möglichkeit von Aktivitäten bei Interessenverbänden.

Fachvereinigungen und Interessenverbände können folgende Leistungen anbieten:

- Brancheninformationen
- Vertretung von Gruppeninteressen
- Fachspezifische Trainings
- Gruppenausstellungen
- Gemeinsame Datenbanken
- Unterstützung in administrativen Angelegenheiten

Prüfen Sie, inwieweit für Sie in Frage kommende Mitgliedschaften für Ihr Unternehmen sinnvoll sind. (In einzelnen Ländern bestehen für diverse Branchen Zwangsmitgliedschaften, deren Nutzen umstritten ist.)

Kapitel D

Formblätter zur Geschäftsplanentwicklung

Formblatt 1

1. Was sind die Motive, Beweggründe, tieferliegenden psychologischen Hintergründe Ihrer Tätigkeit im Unternehmen. Prüfen Sie auch, ob sich im Vergleich zu früher hier Änderungen ergeben haben.

2. Listen Sie die Schwachstellen des Unternehmens auf.

3. Listen Sie hier die Stärken/Vorteile des Unternehmens auf, die zu seiner derzeitigen Stellung im Markt geführt haben.

4. Hier legen Sie die grundsätzliche Unternehmensstrategie fest.

(Als Hilfestellung zur Stärken-/Schwachstellenanalyse dient das Formblatt 2.)

Beachten Sie, daß Sie die Punkte 2 bis 4 überarbeiten bzw. ändern müssen, sobald dies notwendig ist!

Formblatt 1

1. Motive, Ursachen, Beweggründe meiner Tätigkeit im/für das Unternehmen

2. Schwächen meines Unternehmens

3. Stärken/Vorteile meines Unternehmens, Stellung des Unternehmens im Markt

4. Grundsätzliche Unternehmensstrategie

Formblatt 2

Die Fragestellungen sollen dazu beitragen, eine korrekte Stärken-/
Schwachstellenanalyse zu erarbeiten. Ist Ihnen einmal bewußt, welche Gründe zur gegenwärtigen Stellung des Unternehmens auf
dem Markt geführt haben, so gelingt eher eine neue, nicht ver-
fälschte, von Illusionen aber auch von unbegründeten Befürchtun-
gen befreite Definition der Zielvorstellungen und der Strategie.

Formblatt 2

Worin lagen früher unsere Stärken und Schwächen?

Worin liegen unsere Stärken und Schwächen heute?

Wodurch ist es uns gelungen zu erreichen, daß wir heute Stärken haben, die wir früher nicht hatten?

Wodurch ist es uns gelungen, unsere früheren Stärken auch in der Gegenwart zu behalten?

Warum haben wir heute Schwächen, die wir früher nicht hatten?

Wieso ist es uns nicht gelungen, eine Schwäche von früher zu beheben?

Formblatt 3

Mit diesem Blatt werden die Umfeldfaktoren, die auf das Unternehmen bisher eingewirkt haben und zukünftig voraussichtlich einwirken werden, strukturiert. Die Ergebnisse dieses Blattes führen zu einer Überprüfung, Änderung oder Anpassung von Formblatt 1.

Formblatt 3

1. Welche Umfeldfaktoren sind bisher für die Unternehmensentwicklung relevant gewesen?

2. Welche Umfeldfaktoren werden zukünftig in welchem Ausmaß die Unternehmensentwicklung beeinflussen?

Checklisten der Einzelfaktoren/Elemente

Sie finden nachfolgend Checklisten für

- Geschäftsfeld
- Marketing
- Produktion
- Finanzen, Rechnungswesen
- Personal
- Verwaltung, Management

Fällt die Beantwortung einer Fragestellung in die Mitte oder in den linken Bereich der Spalten, so deutet dies auf Schwachstellen im Unternehmen.

Zur Beseitigung der Schwachstellen sind Aktivitäten im Formblatt 4 zu definieren.

Geschäftsfeld	1	2	3	4	5
1. Klare Vorstellung vom Geschäftsfeld	sehr unklar	unklar	etwas	klar	sehr klar
2. Entwicklung des Marktwachstums	fällt > 5%	fällt 1 – 5%	bleibt gleich	höher 1 – 5%	höher > 5%
3. Entwicklung des Marktanteils	fällt > 3%	fällt 1 – 3%	bleibt gleich	höher 1 – 3%	höher > 3%
4. Entwicklung der Wettbewerbsposition	stark verschlechtert	etwas verschlechtert	bleibt gleich	etwas verbessert	stark verbessert
5. Entwicklung der Gesamtwirtschaft	stark negativ	beeinflußt negativ	neutral	beeinflußt positiv	stark positiv
6. Veränderungen aus Politik und Gesetzgebung	stark negativ	beeinflußt negativ	neutral	beeinflußt positiv	stark positiv
7. Veränderung der Verbrauchergewohnheiten	stark negativ	beeinflußt negativ	neutral	beeinflußt positiv	stark positiv
8. Erwartung von technologischen Änderungen	sehr viele	viele	einige	wenig	keine
9. Abweichungen bisheriger Umsatzplanungen	sehr oft	oft	manchmal	gelegentlich	nie
10. Ausmaß saisonaler/zyklischer Schwankungen	sehr viele	viele	einige	wenig	keine
11. Ausnutzung öffentlicher Förderungen	keine	wenig	einige	viele	sehr viele
12. Festlegung des F&E-Aufwands	keiner	viel weniger	etwas weniger	gleich viel	mehr
13. Konsequenzen aus der Kunden-Markt-Transparenz	wesentlich	etwas	neutral	geringe	keine

Marketing

	1	2	3	4	5
1. Effektivität bisheriger Werbung und Verkaufsförderung	sehr unklar	unklar	etwas	klar	sehr klar
2. Marktforschungsintensität und -häufigkeit	noch nie	vor 2 Jahren	vor 1 Jahr	machen wir eben	laufend
3. Auswirkung von Preis-Mengen-Elastizität	stark verschlechtert	etwas verschlechtert	bleibt gleich	etwas verbessert	stark verbessert
4. Preis-/Qualitätsvergleich zum Mitbewerb	viel schlechter	schlechter	gleich	besser	viel besser
5. Umsatzanteil mit Rabattgewährung	20%	15%	10%	5%	< 5%
6. Auswirkungen von Zahlungszieländerungen	st. verschl.	etw. verschl.	bleibt gleich	etw. verb.	st. verb.
7. Analyse der Lagerhaltungserfordernisse	noch nie	ungefähr	etwas	genau	s. genau
8. Effektivitätsüberprüfung der Absatzwege	noch nie	ungefähr	etwas	genau	s. genau
9. Auswirkungen der Änderung der Transportmittel	sehr unklar	unklar	etwas	klar	sehr klar
10. Produktinnovationen innerhalb der letzten zehn Jahre	< 10%	10%	25%	30%	> 40%
11. Verpackungsänderung innerhalb der letzten fünf Jahre	< 10%	10%	25%	30%	> 40%
12. Verfolgung einer Markenpolitik	noch nie	gelegentl.	manchmal	oft	immer
13. Grad der Kundenabhängigkeit	> 80%	70%	50%	30%	10%
14. Umsatzabhängigkeit vom Heimmarkt	> 25%	20%	15%	10%	< 5%
15. Effizienzüberprüfung des Verkaufs	keine	wenig	gelegentl.	oft	immer
16. Intensität von Public-Relations-Aktionen	noch nie	vor 3 Jahren	vor 2 Jahren	vor 1 Jahr	laufend
17. Festlegung der Service-/Qualitätsstandards	keine	wenig	gelegentl.	oft	immer

Produktion

	1	2	3	4	5
1. Überprüfung des Kostenrechnungssystems	noch nie	vor 2 Jahren	vor 1 Jahr	machen wir eben	laufend
2. Controlling der Soll-Ist-Kosten	noch nie	vor 1 Jahr	gelegentlich	laufende Stichproben	laufend
3. Grad der Maschinennutzung	< 50%	60%	70%	80%	> 90%
4. Überprüfung der Lagerhaltung für Vormaterialien	noch nie	vor 1 Jahr	gelegentlich	laufende Stichproben	laufend
5. Überprüfung der Bestände des Fertigproduktlagers	viel schlechter	schlechter	gleich	besser	viel besser
6. Ausmaß der Qualitätskontrolle	noch nie	sehr vage	gelegentlich	meistens	genaue Kontrolle
7. Überprüfung der Höhe des Materialanteils	noch nie	vor 2 Jahren	vor 1 Jahr	machen wir eben	laufend
8. Abhängigkeit von Sublieferanten	derzeit ein Sublieferant	dzt. wenige Sublief.	dzt. mehrere Sublief.	weitere Sublief. möglich	unbegr. Anz. v. Subl. mögl.
9. Überprüfung des Produktionsablaufs	noch nie	vor 1 Jahr	gelegentlich	laufende Stichproben	laufend
10. Überprüfung der Transportverpackung	noch nie	vor 2 Jahren	vor 1 Jahr	machen wir eben	laufend
11. Verbesserung der Arbeitsproduktivität	keine	2%	5%	8%	< 10%

Finanzen, Rechnungswesen

	1	2	3	4	5
1. Effizienzprüfung des Rechnungswesens	entspricht nicht	entspricht kaum	entspricht teilweise	entspricht weitgehend	entspricht
2. Genauigkeit der Finanzplanung	nicht vorhanden	grob, 1 Jahr voraus	grob, 3 Jahre voraus	detailliert, 3 Jahre voraus	1 Jahr mon., 3 Jahre detailliert
3. Veränderung der Overheadkosten	> + 10%	+ 5%	unverändert	– 5%	– 10%
4. Verwendung von Kennzahlen	keine	Umsatz, Gewinn	4 Kennzahlen	4 Kennzahlen + Planung	< 5 Kennz. + Planung
5. Zahlungsausfälle und Wertberichtigungserfordernisse	> + 10%	+ 5%	unverändert	– 5%	– 10%
6. Investitionsrechnungen	noch nie	sehr vage	gelegentlich	meistens	immer, genau
7. Pläne zur Finanzmittelbeschaffung	noch nie	sehr vage	gelegentlich	manchmal konkret	systematisch

Personal

	1	2	3	4	5
1. Mitarbeitermotivation, Betriebsklima	noch nie	vor 2 Jahren	vor 1 Jahr	machen wir eben	laufend alle MA
2. Erfolgsbeteiligungs-modelle	keine	wenige MA	teilweise	überwiegend	detailliert, alle MA
3. Zielvereinbarung für die Mitarbeiter	keine	sehr vage	teilweise	detailliert, einige MA	detailliert, alle MA
4. Personalbedarfs-planung	noch nie	vage, Teil-bereiche	vage, Ges.-unternehmen	detailliert, Ges.untern.	ständig Soll/Ist
5. Einstellungspolitik	keine	sehr vage	teilweise	detailliert, einige MA	detailliert, alle MA
6. Planung von Trainings-maßnahmen	keine	sehr vage	teilweise	detailliert, einige MA	detailliert, alle MA
7. Behandlung von Mitarbeiter-beschwerden	autoritär	weitgehend autoritär	Anhörung des MA	interne Unter-stützung	ext. Unter-stützung
8. Einhaltung von gesetzlichen Vorschriften	noch nie	ungefähr	weitgehend	genau	sehr genau

Verwaltung, Management

	1	2	3	4	5
1. Engagement von Eigentümer/ Geschäftsleitung	noch nie	kaum	etwas	weitgehend	regelmäßig
2. Kommunikations- system	nicht fest- gelegt	kaum fest- gelegt	vage fest- gelegt	weitgehend	umfassend
3. Controlling-/Management- Informationssystem	nein	geringfügig	teilweise	weitgehend	genau definiert
4. Effizienz des EDV- Systems	unzureichend	entspricht derzeit weit- gehend	entspricht derzeit	geringe Erweiter- barkeit	volle Erwei- terbarkeit
5. Durchlaufzeiten (Auftragsbearbeitung)	> 2 Tage	1 Tag	1/2 Tag	2 Stunden	unmittelbar
6. Aktivitäten bei Interessen- verbänden	noch nie	geringfügig	etwas	großteils	immer

Formblatt 4 – Aktivitätenplan

Die Aktivitäten, die Sie zu treffen haben, leiten Sie aus der Unternehmensstrategie (Formblatt 1) und aus den Handlungserfordernissen der Checklisten ab. (Die Erläuterungen zu den Checklisten finden Sie in Kapitel C.)

Tragen Sie in den Aktivitätenplan alle Aktivitäten und Einzelaktionen ein, die Sie zur Beseitigung von Schwachstellen setzen oder die dazu dienen sollen, eine Stärkeposition zu behalten oder noch auszubauen.

Beachten Sie, daß das Jahr, in dem Sie die Aktivität vornehmen, verschieden sein kann von dem Jahr, in dem die finanzielle Auswirkung entsteht.

Beachten Sie aber insbesondere die *Interdependenzen von Aktivitäten:* Eine Aktivität kann einer anderen entgegenstehen, sie unterstützen, oder sich auch neutral ihr gegenüber verhalten. Sie müssen daher alle Aktivitäten, bei denen diese Abhängigkeiten bestehen, aufeinander abstimmen.

Kopieren Sie das Blatt auf der folgenden Seite beliebig oft, um alle Aktivitäten zu erfassen.

Formblatt 4 – Aktivitätenplan

Blatt Nr.:

Datum:

Element/Faktor	Aktivität/Einzelaktion	Jahr Aktiv.	Finanz. Auswirkung ±	Jahr fi. Ausw.	Ausw. auf Param.

Kapitel E

Quantifizierungen

1. Kapitalbedarf – Finanzplan

1.1. Kapitalbedarf

Jedes Unternehmen hat einen *Kapitalbedarf,* worunter der *Bedarf an Geldmitteln für das Umlauf- und Anlagevermögen (= Investitionen)* zu verstehen ist. Der Kapitalbedarf entsteht dadurch, daß *Ausgaben* vom Unternehmen zu leisten sind, beispielsweise für Maschinen, Rohstoffe, Personal usw., *ohne daß zum gleichen Zeitpunkt Einnahmen* hieraus *zur Verfügung* stehen. Diese erfolgen meist erst zu einem späteren Zeitpunkt, nachdem die Erzeugnisse vom Unternehmen gefertigt und abgesetzt worden sind.

Die *Höhe* des Kapitalbedarfs hängt von der *Höhe der Ausgaben* und *Einnahmen* sowie von deren *zeitlichem Abstand* zueinander ab. Das bedeutet, daß der Kapitalbedarf des Unternehmens sich insgesamt vergrößert, wenn der zeitliche Abstand zwischen bestimmten Ausgaben und den damit verbundenen Einnahmen erhöht wird.

Kapitalbedarf = kumulierte Ausgaben minus kumulierte Einnahmen

Die Höhe des Kapitalbedarfs kann unternehmensintern durch mengenmäßige und zeitmäßige Variationen verändert werden:

Einflußfaktor:	*Veränderung:*
Prozeßanordnung	mengenmäßig
Beschäftigung	mengenmäßig
Leistungsprogramm	mengenmäßig
Unternehmensgröße	mengenmäßig
Prozeßgeschwindigkeit	zeitmäßig

Im güterwirtschaftlichen Bereich ist eine *Beschleunigung der Prozeßgeschwindigkeit* – insbesondere durch eine Kürzung der Verweilzeiten bei der Fertigung und Lagerung – erreichbar. Im finanzwirtschaftlichen Bereich kann die Prozeßgeschwindigkeit vor allem dadurch eine Veränderung erfahren, daß sich die Zahlungsgewohnheiten der Kunden oder die Zahlungsbedingungen der Lieferanten wandeln.

Beispiel: Die Erstellung eines Gutes verursacht an den Tagen eins, zwei, drei Ausgaben von DM 20.000,–, 15.000,–, 10.000,– und am siebenten Tag eine Einnahme von DM 45.000,–. Jeweils ab dem vierten Tag wird mit der Erstellung eines neuen Gutes begonnen. Durch Rationalisierungsmaßnahmen im Bereich des Lagers/Vertriebs sollen die Güter zwei Tage früher verkauft werden können, wodurch die Einnahmen schon am fünften Tag erfolgen.

Kapitalbedarf

Kapitalbedarf vor der Rationalisierung

in 1000 DM

Prozeß / Tag	1	2	3	4	5	6	7	8	9	10	11	12	13	14
1	20	15	10				−45							
2				20	15	10				−45				
3							20	15	10				−45	
4										20	15	10		
Summe	20	15	10	20	15	10	−25	15	10	−25	15	10	−45	0
kumulierter Kapitalbedarf	20	35	45	65	80	90	65	80	90	65	80	90	45	45

Kapitalbedarf nach der Rationalisierung

in 1000 DM

Prozeß / Tag	1	2	3	4	5	6	7	8	9	10	11	12	13	14
1	20	15	10		−45									
2				20	15	10		−45						
3							20	15	10		−45			
4										20	15	10		−45
5													20	15
Summe	20	15	10	20	−30	10	20	−30	10	20	−30	10	20	−30
kumulierter Kapitalbedarf	20	35	45	65	35	45	65	35	45	65	35	45	65	35
Verbess.	0				45	45		45	45		45	45	−20	10

Eine Steigerung der Prozeßgeschwindigkeit ist allerdings nur dann wirklich realisierbar, wenn der Markt dies erlaubt. Ist es branchenüblich, daß Kundenzahlungen innerhalb einer Frist von vier Wochen geleistet werden, so ist es für das Unternehmen nicht ohne weiteres möglich, eine vierzehntägige Zahlungsfrist zu verlangen, wenn es nicht Gefahr laufen will, Kunden zu verlieren.

Der *Umlaufkapitalbedarf* kann *näherungsweise* in der Praxis wie folgt ermittelt werden:

Es werden zunächst die durchschnittlichen täglichen Ausgaben erfaßt:

Rohstoffe	25.000,–
Hilfsstoffe	5.000,–
Betriebsstoffe	2.500,–
Löhne	60.000,–
Gemeinkosten	47.500,–
durchschnittliche tägliche Ausgaben	140.000,–

Der *nächste Schritt* besteht darin, die *zeitliche Bindung der Ausgaben* zu berücksichtigen:

durchschnittlich

Rohstofflagerdauer	10 Tage
Fertigungsdauer	2 Tage
Fertigwaren-Lagerdauer	8 Tage
Kundenzieldauer	20 Tage
= Kapitalgebundenheit	40 Tage

Der *Umlaufkapitalbedarf ergibt sich* aus:

Kapitalgebundenheit mal durchschnittliche tägliche Ausgaben
40 x 140.000,– = 5.600.000,–

1.2. Finanzplan

Während die Kapitalbedarfsrechnung fallweise bei Gründungs- und
Erweiterungsphasen der Unternehmen als Näherungsrechnung
Anwendung findet, dient der Finanzplan der kontinuierlichen Planung.
**Der Finanzplan ist das zentrale Quantifizierungsinstrument
des Geschäftsplans. Alle Maßnahmen, die Sie mit Ihrer Unternehmensstrategie und dem Aktivitätenplan (aufgrund der
Durchsicht der Einzelelemente/Faktoren) beabsichtigen, spiegeln sich darin in Zahlen wider.**
Der Begriff der *Einnahmen* und *Ausgaben* umfaßt auch die schuld-
rechtliche Unternehmenskomponente, nämlich die *Forderungen*
und *Verbindlichkeiten*. Sollen im Finanzplan die Zahlungsströme,
also der tatsächliche Geldfluß, der *in* und *aus* dem Unternehmen
fließt, ermittelt werden, so werden daraus *Einzahlungen* und *Auszahlungen*. *Wir verwenden in der Folge ausschließlich diese beiden
Begriffe für die Darstellung des Finanzplanes.*

Der Inhalt des Finanzplans ist grundsätzlich durch vier Elemente
gekennzeichnet:

● Zahlungsmittel-Anfangsbestand
● Auszahlungen
● Einzahlungen
● Zahlungsmittel-Endbestand

Als Einzahlungen werden die folgenden Vorgänge erfaßt:

Umsätze	Einzahlungen aus dem Verkauf von Erzeugnissen und Handelswaren
Sachanlagen	Einzahlungen aus dem Verkauf von Grundstücken, Gebäuden, Maschinen, maschinellen Anlagen, Betriebs- und Geschäftsausstattung als Bestandteile des Anlagevermögens
Immaterielle Anlagen	Einzahlungen aus der Abgabe von Konzessionen, Patenten, Lizenzen, Markenrechten, Urheberrechten, Werksrechten, Gebrauchsmustern, Warenzeichen, Zuteilungsquoten, Syndikatsrechten, Nutzungsrechten etc.
Finanzanlagen	Einzahlungen aus dem Verkauf von Beteiligungen und Wertpapieren bzw. aus der Tilgung gewährter Ausleihungen
Eigenkapital	Einzahlungen aus der Aufnahme von Eigenkapital
Fremdkapital	Einzahlungen aus der Aufnahme von Fremdkapital
Zinsen/Provisionen	Einzahlungen aus den Finanzierungsvorgängen, Beteiligungen, Wertpapieren, gewährten Ausleihungen
Sonstige	Einzahlungen, die in den übrigen Positionen nicht enthalten sind, z. B. Vermietung, Verkauf von Abfallstoffen, Steuererstattungen

Als Auszahlungen werden die folgenden Vorgänge erfaßt:

Sachanlagen	Auszahlungen für den Erwerb von Grundstücken, Gebäuden, Maschinen …

Immaterielle Anlagen	Auszahlungen für die Beschaffung von Konzessionen, Patenten, Lizenzen …
Finanzanlagen	Auszahlungen für den Erwerb von Beteiligungen …
Material	Auszahlungen für den Erwerb von Rohstoffen, Hilfsstoffen, Betriebsstoffen, Zulieferteilen und Waren
Personal	Auszahlungen für Löhne und Gehälter, Sozialkosten (Arbeitgeberanteil zur Versicherung:Arbeitslosen-/Krankenversicherung), sonstige Personalkosten
Steuern/Abgaben	Auszahlungen für Steuern vom Einkommen, vom Ertrag und Vermögen etc.
Eigenkapital	Auszahlungen für die Tilgung von Eigenkapitalanteilen
Fremdkapital	Auszahlungen für die Tilgung von Fremdkapitalanteilen
Zinsen/Provisionen	Auszahlungen für Finanzierungsvorgänge …
Sonstige	Auszahlungen, die in den übrigen Positionen nicht enthalten sind, beispielsweise für Energie, Instandhaltung, Reparaturen, Versicherungen, Entwicklung, Werbung, Vertrieb, Miete

Grundlagen für die Ansätze der einzelnen Positionen können sein:
Einzahlungen:

Umsätze	aufgrund der Marktforschungsergebnisse
Sachanlagen	aufgrund der Fertigungsplanung, Anlagenplanung
Immaterielle Anlagen	aufgrund der Vergangenheitswerte

Finanzanlagen	aufgrund der unternehmenspolitischen Zielsetzungen oder zur Deckung gesetzlicher Ansprüche
Eigenkapital	aufgrund rechtlicher Vereinbarungen oder Erfordernissen der Finanzplanung
Fremdkapital	aufgrund rechtlicher Vereinbarungen oder Erfordernissen der Finanzplanung
Zinsen/Provisionen	aufgrund der Vergangenheitswerte, soweit keine Änderungen abzusehen sind
Sonstige	überwiegend aufgrund von Vergangenheitswerten

Auszahlungen:

Sachanlagen	aufgrund des Umsatzplanes
Immaterielle Anlagen	aufgrund der Vergangenheitswerte
Finanzanlagen	aufgrund der unternehmenspolitischen Zielsetzungen
Material	Rohstoffe und Waren unter Orientierung an den prognostizierten Umsatzzahlen; Hilfs- und Betriebsstoffe aufgrund von Vergangenheitswerten
Personal	aufgrund der Vergangenheitswerte, sofern keine Änderungen abzusehen sind; unter Beachtung der erwarteten Steigerungen
Steuern/Abgaben	aufgrund der Vergangenheitswerte
Eigenkapital	aufgrund rechtlicher Vereinbarungen
Fremdkapital	aufgrund rechtlicher Vereinbarungen
Zinsen/Provisionen	aufgrund der Vergangenheitswerte, sofern keine Änderungen abzusehen sind

Sonstige überwiegend aufgrund der Vergangenheits-
werte

Der Finanzplan ist monatlich zu revidieren. Für mögliche externe
Einflüsse müssen Alternativen erstellt werden. Weiters sollte man
Sicherheitsspannen einplanen und eine Liquiditätsreserve halten.

> **Bei Finanzmittelunterdeckungen ist der Finanzplan zu
> überarbeiten, und es sind entsprechende Aktionen zu pla-
> nen, die eine Unterdeckung aufheben.**

Unterdeckungen können beseitigt werden durch:

- Sparen bei den Auszahlungen
- Maßnahmen zur Erhöhung von Einzahlungen aus laufender
  Geschäftstätigkeit
- Eigenkapitalzuführung
- Fremdmittelbeschaffung

Finanzplanungsformulare für Kleinunternehmen

Sie finden auf den folgenden Seiten Formulare, die für Kleinunternehmen oder Selbständige geeignet sind. – Im ersten Jahr wird eine
Finanzmittelplanung auf Monatsbasis vorgenommen, die Planwerte
werden am Ende eines jeden Monats den Ist-Werten gegenübergestellt. Ergeben sich im Ist Planabweichungen, so werden die Pläne
für die Folgemonate entsprechend korrigiert. Für die Folgejahre
kann eine jährliche Vorschau erstellt werden.

Die Formularsätze sind *auch für größere Unternehmen* dann geeignet, wenn die *Ein- und Auszahlungszeitpunkte* und deren Höhe mit
einer *großen Genauigkeit* erfaßt werden können und *keine Schlüsselung* erfolgen muß. – Ein Beispiel mit Schlüsselung wird in den
Formularsätzen für Mittelstandsunternehmen ausführlich dargestellt.

Finanzplan vom Januar 199__ bis Juni 199__

Beträge in 1000	Januar Plan	Januar Ist	Februar Plan	Februar Ist	März Plan	März Ist	April Plan	April Ist	Mai Plan	Mai Ist	Juni Plan	Juni Ist
1. Zahlungsmittel-Anfangsbestand												
Bankkonten												
Bargeld												
Summe												
2. Einzahlungen												
Zahlungseing. v. Umsatz Vorp.												
Zahlungseing. v. Umsatz laufend												
sonstige Zahlungseingänge												
Fremdmittel (Kredite)												
Eigenmitteleinzahlungen												
Zinserträge												
Sonstiges												
Summe Einzahlungen												
2. Auszahlungen												
Planung, Projektdurchf. usw.												
Investitionen												
Material												
übrige Prod.-Kosten												
Personal/Ang.												
Personal/Arb.												
Personal/Verw. + Vertr.												
Verw. + Vertrieb												
Finanzierungskosten												
Steuern												
Fremdmittelrückzahlungen												
Eigenmittelrückzahlungen												
Sonstiges												
Summe Auszahlungen												
3. Zahlungsmittel-Schlußbestand												

Finanzplan vom Juli 199___ bis Dezember 199___

Beträge in 1000	Juli Plan	Juli Ist	August Plan	August Ist	September Plan	September Ist	Oktober Plan	Oktober Ist	November Plan	November Ist	Dezember Plan	Dezember Ist
1. Zahlungsmittel-Anfangsbestand												
Bankkonten												
Bargeld												
Summe												
2. Einzahlungen												
Zahlungseing. v. Umsatz Vorp.												
Zahlungseing. v. Umsatz laufend												
sonstige Zahlungseingänge												
Fremdmittel (Kredite)												
Eigenmitteleinzahlungen												
Zinserträge												
Sonstiges												
Summe Einzahlungen												
2. Auszahlungen												
Planung, Projektdurchf. usw.												
Investitionen												
Material												
übrige Prod.-Kosten												
Personal/Ang.												
Personal/Arb.												
Personal/Verw. + Vertr.												
Verw. + Vertrieb												
Finanzierungskosten												
Steuern												
Fremdmittelrückzahlungen												
Eigenmittelrückzahlungen												
Sonstiges												
Summe Auszahlungen												
3. Zahlungsmittel-Schlußbestand												

Finanzplan von 199__ bis 199__

Beträge in 1000	199__ Plan	Ist	199__ Plan	Ist	199__ Plan	Ist	199__ Plan	Ist	199__ Plan	Ist	199__ Plan	Ist
1. Zahlungsmittel-Anfangsbestand												
Bankkonten												
Bargeld												
Summe												
2. Einzahlungen												
Zahlungseing. v. Umsatz Vorp.												
Zahlungseing. v. Umsatz laufend												
sonstige Zahlungseingänge												
Fremdmittel (Kredite)												
Eigenmitteleinzahlungen												
Zinserträge												
Sonstiges												
Summe Einzahlungen												
2. Auszahlungen												
Planung, Projektdurchf. usw.												
Investitionen												
Material												
übrige Prod.-Kosten												
Personal/Ang.												
Personal/Arb.												
Personal/Verw. + Vertr.												
Verw. + Vertrieb												
Finanzierungskosten												
Steuern												
Fremdmittelrückzahlungen												
Eigenmittelrückzahlungen												
Sonstiges												
Summe Auszahlungen												
3. Zahlungsmittel-Schlußbestand												

Finanzplanungsformulare für Mittelstandsunternehmen, einschließlich Gewinn- und Verlustrechnung

Mittelstandsunternehmen finden aufgrund des größeren Umfangs mit dem vorhin dargestellten Planverfahren nicht mehr das Auslangen, so daß ein weitergehenderes Planungsverfahren Anwendung finden muß. Die in den Formularsätzen angegebenen Perioden beziehen sich – zur leichteren Darstellung dieses Beispiels – jeweils auf ein Jahr. Sie können jedoch von Ihnen mittels eines erweiterbaren Spreadsheets auf Monatsbasis eingegeben werden. Die Abkürzung »FW« bedeutet Fremdwährung, »LW« Landeswährung, so daß auch mit Auslandsbezug tätige Unternehmen eine differenzierte Darstellungsmöglichkeit vorfinden. Die Formularsätze bieten die Möglichkeit der differenzierteren Erfassung der einzelnen Einzahlungs- und Auszahlungsarten. Der *Zeitpunkt* der Ein-/Auszahlung wird hier jedoch *näherungsweise über den Umweg der durchschnittlichen Zahlungsziele*, ausgehend von den bilanziell wirksamen Ein-/Ausgaben, ermittelt. Anhand des Formulars »Zahlungseingänge aus dem Umsatz (Produkte und Nebenprodukte)« sei dies erläutert: In der ersten Periode erzielen Sie einen Umsatz von 7130. Aufgrund des Zahlungsziels von 90 Tagen erhalten Sie jedoch in dieser ersten Periode nur einen Zahlungseingang von 5348. Eine idente Vorgangsweise erfolgt dann in den Folgeperioden, wobei zusätzlich noch der restliche Zahlungseingang aus dem Umsatz der Vorperiode hinzuzurechnen ist.

Die einzelnen Formularblätter werden im Detail auf den folgenden Seiten erläutert. Es wird dabei unterstellt, daß alle Zahlungsströme gleichmäßig über die Periode (in diesem Fall: ein Jahr) verteilt erfolgen.

1. Schätzung der Zahlungen für Planung, Projektvorbereitung und Projektdurchführung

Mit diesem Formular erfassen neue oder in Gründung befindliche Unternehmen Zahlungen, wie Sie *vor* der Gründung und *im Zusammenhang mit der Gründung* eines Unternehmens entstehen. Es handelt sich durchwegs um Zahlungen, die nach Aufnahme eines regulären Geschäftsbetriebes nicht mehr anfallen.

Kosten der eigentlichen Gründung, der Planung, aber auch jene für die Ausbildung des Personals usw. sind mit dem zahlungsstromrelevanten Zeitpunkt zu erfassen.

Spitzfindig OHG

Datum: 2. 12. 199X

Bemerkung: bei planmäßiger Umsatzentwicklung

Schätzung der Zahlungen für Planung, Projektvorbereitung und Projektdurchführung

Bezeichnung:	1. Periode und davor FW	LW	gesamt	2. Periode FW	LW	gesamt	3. Periode FW	LW	gesamt	4. Periode FW	LW	gesamt	5. Periode FW	LW	gesamt
Vor-Investitionsstudien			0			0			0			0			0
Feasibility Studie			0			0			0			0			0
Bewertung			0			0			0			0			0
Vorbereitende Erhebungen		10	10			0			0			0			0
Projektmanagement	10	50	60	5	5	10			0			0			0
Grobplanung			0			0			0			0			0
Detailplanung			0			0			0			0			0
Ausschreibungen	5		5			0			0			0			0
Überwachung, Koordination		30	30			0			0			0			0
Probelauf und Abnahme			0			0			0			0			0
Aufbau der Verwaltung			0			0			0			0			0
Anwerbung des Personals			0			0			0			0			0
Ausbildung des Personals			0			0			0			0			0
Vereinbarungen für die Versorgung mit Materialien			0			0			0			0			0
Aufbau des Vertriebssystems			0			0			0			0			0
Aufbau von Kontakten			0			0			0			0			0
Gründung der Betriebsgesellschaft		40	40			0			0			0			0
Finanzierungskosten während der Errichtungsphase			0			0			0			0			0
Summe	15	130	145	5	5	10	0	0	0	0	0	0	0	0	0
Zahlungsziel in Tagen			20			20			10			20			20
Zahlungsausgang			137			17			1			1			0

2. Zahlungen für Investitionen

Erfassung aller Anlageinvestitionen. Die Auszahlung wird über den
Umweg der Angabe des Zahlungsziels ermittelt.
Auf diesem Formular werden auch die Abschreibungen errechnet,
die sich nicht auf den Finanzplan, jedoch auf die Gewinn- und Verlustrechnung auswirken. Auch hier ist zu ersehen, daß die relativ
hohen Investitionen sich in einem hohen Abfluß von Geldmitteln
äußern, während die Auswirkungen auf die Gewinn- und Verlustrechnung nur im Ausmaß der niedrigeren Abschreibungen stattfin-
den.
Abschreibungen, die aus Vorperioden von bereits vorhandenem
Anlagevermögen resultieren, sind in das markierte Feld einzutragen.

Spitzfindig OHG

Datum: 2. 12. 199X
Bemerkung: bei planmäßiger Umsatzentwicklung

Zahlungen für Investitionen

Bezeichnung:	1. Periode			2. Periode			3. Periode			4. Periode			5. Periode		
	FW	LW	gesamt	FW	LW	gesamt	FW	LW	gesamt	FW	LW	gesamt	FW	LW	gesamt
Maschine 1		100	100		50	50		200	200		1000	1000		0	0
Maschine 2		50	50		600	600		100	100	50	50	100		200	200
Maschine 3	200	100	300		300	300		100	100		100	100		400	400
Maschine 4		1700	1700		620	620		0	0			0		300	300
			0			0			0			0			0
			0			0			0			0			0
			0			0			0			0			0
			0			0			0			0			0
			0			0			0			0			0
			0			0			0			0			0
			0			0			0			0			0
			0			0			0			0			0
			0			0			0			0			0
Summe	200	1950	2150	0	1570	1570	0	400	400	50	1150	1200	0	900	900
Zahlungsziel in Tagen			30			30			40			30			30
Zahlungsausgang			1971			1618			486			1144			925
Restwert/Abschreibung	1720	0,20	430	2468	0,25	823	2294	0,20	574	2795	0,20	699	2956	0,20	739
Abschreibung aus Vorperioden			150			130			120			90			70
Summe Abschreibungen			580			953			694			789			809

**3. Zahlungseingänge aus dem Umsatz (Produkte und Neben-
produkte)**

Die Umsätze für die einzelnen Produkte zu heutigen Preisen werden erfaßt. Preissteigerungen werden mit vier Prozent angenommen, dieser Prozentsatz wird zur Summe der Umsätze addiert. –
Alternativ könnten auch die Umsätze der Folgeperioden bereits
direkt mit dem um die Inflation erhöhten Betrag eingesetzt werden,
dies insbesondere dann, wenn für die einzelnen Produkte unterschiedliche Preiserhöhungen erwartet werden.

Spitzfindig OHG **Datum:** 2. 12. 199X
Bemerkung: bei planmäßiger Umsatzentwicklung

Zahlungseingänge aus dem Umsatz (Produkte und Nebenprodukte)

Bezeichnung: (Produkte, Kundengr.)	1. Periode			2. Periode			3. Periode			4. Periode			5. Periode		
	FW	LW	gesamt	FW	LW	gesamt	FW	LW	gesamt	FW	LW	gesamt	FW	LW	gesamt
Produkt 1		70	70		90	90		90	90		120	120		120	120
Produkt 2		260	260		1880	1880		1290	1290		1320	1320		1350	1350
Produkt 3		1230	1230		1300	1300		1330	1330		1350	1350		1000	1000
Produkt 4		50	50		120	120		360	360		990	990		910	910
Produkt 5		1700	1700		1600	1600		1800	1800		1750	1750		1700	1700
Produkt 6		1800	1800		2200	2200		2300	2300		2400	2400		2300	2300
Produkt 7		1900	1900		1850	1850		1950	1950		1990	1990		3070	3070
Produkt 8		44	44		80	80		600	600		700	700		260	260
Produkt 9		76	76		1110	1110		1190	1190		1280	1280		1400	1400
		0	0		0	0		0	0		0	0			0
Inflation 4%		0	0		409	409		890	890		1486	1486		2057	2057
		0	0		0	0		0	0		0	0			0
		0	0		0	0		0	0		0	0			0
		0	0		0	0		0	0		0	0			0
		0	0		0	0		0	0		0	0			0
		0	0		0	0		0	0		0	0			0
		0	0		0	0		0	0		0	0			0
		0	0		0	0		0	0		0	0			0
		0	0		0	0		0	0		0	0			0
		0	0		0	0		0	0		0	0			0
		0	0		0	0		0	0		0	0			0
Summe	0	7130	7130	0	10639	10639	0	11800	11800	0	13386	13386	0	14167	14167
Zahlungsziel in Tagen			90			90			90			90			90
Zahlungseingang			5348			9762			11510			12989			13972

4. Zahlungen für Material

Ermittlung der einzelnen Auszahlungen für Material. Das Zahlungsziel wurde mit 90 Tagen angenommen. Die Inflation wurde für die Folgeperioden mit einem Aufschlag berücksichtigt.

Spitzfindig OHG

Datum: 2. 12. 199X
Bemerkung: bei planmäßiger Umsatzentwicklung

Zahlungen für Material

Bezeichnung:	1. Periode			2. Periode			3. Periode			4. Periode			5. Periode		
	FW	LW	gesamt	FW	LW	gesamt	FW	LW	gesamt	FW	LW	gesamt	FW	LW	gesamt
Material 1		20	20		30	30		50	50		80	80		100	100
Material 2		40	40		60	60		80	80		100	100		100	100
Material 3		400	400		600	600		900	900		1000	1000		1200	1200
		0	0		0	0		0	0		0	0		0	0
		0	0		0	0		0	0		0	0		0	0
		0	0		0	0		0	0		0	0		0	0
		0	0		0	0		0	0		0	0		0	0
		0	0		0	0		0	0		0	0		0	0
Inflation 4%			0		28	28		84	84		147	147		238	238
		0	0		0	0		0	0		0	0		0	0
		0	0		0	0		0	0		0	0		0	0
		0	0		0	0		0	0		0	0		0	0
		0	0		0	0		0	0		0	0		0	0
		0	0		0	0		0	0		0	0		0	0
		0	0		0	0		0	0		0	0		0	0
		0	0		0	0		0	0		0	0		0	0
		0	0		0	0		0	0		0	0		0	0
		0	0		0	0		0	0		0	0		0	0
		0	0		0	0		0	0		0	0		0	0
Summe	0		460	0		718	0		1114	0		1327	0		1638
Zahlungsziel in Tagen			90			90			90			90			90
Zahlungseingang			345			653			1015			1274			1560

5. Zahlungen für übrige Produktionskosten

Es werden die Zahlungen für Hilfs- und Betriebsstoffe, aber auch
jene sonstigen auf den Produktionsbereich Bezug nehmenden Auszahlungen erfaßt.
Die Aufwandsarten sind nur beispielhaft und können von Ihnen an
Ihre Bedürfnisse angepaßt werden. – In diesem Beispiel wurden
die Preissteigerungen direkt mitberücksichtigt.

Spitzfindig OHG	Datum:	2. 12. 199X
	Bemerkung:	bei planmäßiger Umsatzentwicklung

Zahlungen für übrige Produktionskosten

Bezeichnung:	1. Periode			2. Periode			3. Periode			4. Periode			5. Periode		
	FW	LW	gesamt	FW	LW	gesamt	FW	LW	gesamt	FW	LW	gesamt	FW	LW	gesamt
lfd. Beseitigung von Emissionen			0			0			0			0			0
lfd. Deponien		100	100		150	150		160	160		200	200		250	250
lfd. Abwassersystem		50	50		80	80		80	80		120	120		140	140
Entschädigungsz. Nachbarn			0			0			0			0			0
jährliche Zahlungen für			0			0			0			0			0
* Wegerechte			0			0			0			0			0
* Servitute			0			0			0			0			0
* Mieten			0			0			0			0			0
Lizenzen (Patente)			0			0			0			0			0
Werkzeuge			0			0			0			0			0
Provisionen			0			0			0			0			0
Summe	0	150	150	0	230	230	0	240	240	0	320	320	0	390	390
Zahlungsziel in Tagen			14			14			14			14			14
Zahlungsausgang			144			227			240			317			387

6., 7., 8. Personalkosten Angestellte, Arbeiter, Verwaltung und Vertrieb

Da für alle drei Blätter die gleiche Systematik angewendet wird, werden sie gemeinsam erklärt:

Die Personalanzahl bezieht sich immer auf eine Beschäftigung während der ganzen Periode (in diesem Fall ein Jahr). Ein Mitarbeiter, der im Juni eingestellt wurde, ist somit 0,5 Perioden beschäftigt. Auf diese Weise gibt die Personalanzahl nicht die »Köpfe« wieder, sondern den tatsächlichen Beschäftigungsumfang in der Periode. (Zwei je ein halbes Jahr beschäftigte Mitarbeiter werden somit als eine ganzjährig beschäftigte Person dargestellt.) Dadurch lassen sich auch teilzeitbeschäftigte Mitarbeiter aussagekräftiger erfassen.

Das Gehalt oder der Lohn bezieht sich immer auf ein Ganzjahresgehalt eines durchgehend beschäftigten Mitarbeiters.

Mit »Steig.« werden die Gehalts-/Lohnsteigerungen in den Folgeperioden, bezogen auf die erste Periode, erfaßt. So beträgt im Beispiel die Steigerung in der zweiten Periode, bezogen auf die erste, vier Prozent, desgleichen in den folgenden. Auf diese Weise können auch in den Perioden unterschiedlich hohe Lohn-/Gehaltsanpassungen in die Finanzplanung einfließen.

Da die Bruttobeträge für Lohn/Gehalt aufgenommen wurden, wurden diese für die erst im Folgemonat abzuführenden Abzüge, vermehrt um die Arbeitgeberbeiträge, um 20 Prozent gekürzt. Dieser Betrag wurde dann in der Folgeperiode um zehn Prozent als Arbeitgeberanteil erhöht.

Spitzfindig OHG

Datum: 2. 12. 199X

— Bemerkung: bei planmäßiger Umsatzentwicklung

Personalkosten Angestellte

Bezeichnung	1. Periode			2. Periode			3. Periode			4. Periode			5. Periode		
	Anz.	J/Geh.	gesamt	Anz.	Steig.	gesamt	Anz.	Steig.	gesamt	Anz.	Steig.	gesamt	Anz.	Steig.	gesamt
Huber, Müller	1,2	510	595	2,0	1,04	1061	2,0	1,08	1103	2,0	1,12	1147	2,0	1,17	1193
Maier, Berger	1,2	490	572	2,0	1,04	1019	2,0	1,08	1060	2,0	1,12	1102	2,0	1,17	1146
Gruber	0,6	360	210	1,0	1,04	374	2,0	1,08	779	2,0	1,12	810	2,0	1,17	842
			0			0			0			0			0
			0			0			0			0			0
			0			0			0			0			0
			0			0			0			0			0
			0			0			0			0			0
			0			0			0			0			0
			0			0			0			0			0
			0			0			0			0			0
			0			0			0			0			0
			0			0			0			0			0
			0			0			0			0			0
			0			0			0			0			0
			0			0			0			0			0
			0			0			0			0			0
			0			0			0			0			0
Summe	3,0		1377	5,0		2254	6,0		2942	6,0		3060	6,0		3182
zahlungswirksam			1285			2325			2807			2929			3046

Spitzfindig OHG

Datum: 2. 12. 199X

Bemerkung: bei planmäßiger Umsatzentwicklung

Personalkosten Arbeiter

Bezeichnung:	1. Periode			2. Periode			3. Periode			4. Periode			5. Periode		
	Anz.	J/Geh.	gesamt	Anz.	Steig.	gesamt	Anz.	Steig.	gesamt	Anz.	Steig.	gesamt	Anz.	Steig.	gesamt
Produktion 1	0,3	400	117	0,5	1,04	208	0,5	1,08	216	0,5	1,12	225	0,5	1,17	234
Produktion 2	1,2	220	257	2,0	1,04	458	2,0	1,08	476	2,0	1,12	495	2,0	1,17	515
Werkstätte	0,6	430	251	1,0	1,04	447	1,0	1,08	465	1,0	1,12	484	1,0	1,17	503
Summe	2,9		624	3,5		1113	3,5		1157	3,5		1204	3,5		1252
Zahlung			583			1054			1108			1152			1198

Spitzfindig OHG
Datum: 2. 12. 199X
Bemerkung: bei planmäßiger Umsatzentwicklung

Personalkosten Verwaltung und Vertrieb

Bezeichnung:	1. Periode			2. Periode			3. Periode			4. Periode			5. Periode		
	Anz.	J/Geh.	gesamt	Anz.	Steig.	gesamt	Anz.	Steig.	gesamt	Anz.	Steig.	gesamt	Anz.	Steig.	gesamt
1. Verwaltung															
Sekretariat	0,4	820	342	1,0	1,04	853	1,0	1,08	887	1,0	1,12	992	1,0	1,17	959
Schreibkraft	0,3	820	239	0,5	1,04	426	0,5	1,08	443	0,5	1,12	461	0,5	1,17	480
			0			0			0			0			0
			0			0			0			0			0
			0			0			0			0			0
			0			0			0			0			0
			0			0			0			0			0
			0			0			0			0			0
Summe Verwaltung	0,7		581	1,5		1279	1,5		1330	1,5		1384	1,5		1439
2. Vertrieb															
Vertrieb	2,0	730	1460	2,0	1,04	1518	2,0	1,08	1579	2,0	1,12	1642	2,0	1,17	1708
Geschäft	1,0	330	330	1,0	1,04	343	1,0	1,08	357	1,0	1,12	371	1,0	1,17	366
			0			0			0			0			0
			0			0			0			0			0
			0			0			0			0			0
			0			0			0			0			0
			0			0			0			0			0
			0			0			0			0			0
			0			0			0			0			0
Summe Vertrieb	3,0		1790	3,0		1862	3,0		1936	3,0		2014	3,0		2094
Gesamtsumme Verwaltung und Vertrieb	3,7		2371	4,5		3141	4,5		3266	4,5		3397	4,5		3533
Zahlung			2213			2991			3127			3252			3382

9. Zahlungen für Verwaltung und Vertrieb

Auszahlungen für Sachaufwand für den Verwaltungs- und Vertriebsbereich. Die Beträge wurden bereits inflationsangepaßt eingesetzt.

Spitzfindig OHG

Datum: 2. 12. 199X
Bemerkung: bei planmäßiger Umsatzentwicklung

Zahlungen für Verwaltung und Vertrieb (Sachaufwand)

Bezeichnung:	1. Periode			2. Periode			3. Periode			4. Periode			5. Periode		
	FW	LW	gesamt	FW	LW	gesamt	FW	LW	gesamt	FW	LW	gesamt	FW	LW	gesamt
Verwaltungsgemeinkosten															
Büromaterial		20	20		25	25		40	40		50	50		55	55
Kfz		100	100		100	100		150	150		170	170		200	200
Personalabteilung			0			0			0			0			0
Buchh. und Rechnungsw.		50	50		50	50		80	80		80	80		100	100
sonstige Honorare			0			0			0			0			0
sonstige Mieten			0			0			0			0			0
Telefon		30	30		40	40		50	50		60	60		60	60
Reisen			0			0			0			0			0
Versicherungen		25	25		25	25		35	35		35	35		45	45
Gebühren und Steuern			0			0			0			0			0
Werksschutz			0			0			0			0			0
Vertriebskosten															
Reisen		120	120		180	180		200	200		200	200		230	230
Werbung			0			0			0			0			0
Verkäuferschulung			0			0			0			0			0
Kfz		120	120		180	180		180	180		180	180		190	190
PR-Maßnahmen			0			0			0			0			0
Training			0			0			0			0			0
Kundendienst		50	50		60	60		60	60		60	60		60	60
Provisionen			0			0			0			0			0
Lizenzen															
Summe	0	515	515	0	660	660	0	795	795	0	835	835	0	940	940
Zahlungsziel in Tagen			30			30			30			30			30
Zahlungsausgang			472			648			784			832			931

10. Finanzplanung

Dieses Summenblatt weist dieselbe Systematik einer Finanzplanung auf, wie sie oben für Kleinunternehmen dargestellt wurde. Die nicht schraffierten Felder ergeben sich aus den vorgelagerten Einzelblättern 1 bis 9. Die schraffierten Felder werden in das Blatt direkt eingesetzt.

Aus dem Beispiel ist ersichtlich, daß der Zahlungsmittelbestand in der zweiten Periode stark absinkt, das Unternehmen für Unvorhergesehenes keinerlei Reserven besitzt. Dies trotz Fremdmittelzufuhr von 2.600 und Eigenmittelzufuhr von 500. Es empfiehlt sich, in diesem Fall den Finanzplan entsprechend zu revidieren, indem weitere Eigenmittel oder Fremdmittel zumindest in Reserve gehalten werden – das G+V-Ergebnis bleibt hingegen auch noch in der dritten Periode niedrig, um erst in der vierten anzusteigen.

Die Reservehaltung ist insbesondere auch deswegen erforderlich, weil verschiedene Kalkulationen mittels Durchschnittssätzen erfolgen. So wird zum Beispiel der Einzahlungszeitpunkt aus den Umsätzen über einen Durchschnittswert ermittelt. Es kann daher sein (und trifft in der Regel auch zu), daß Verschiebungen in die eine oder andere Richtung eintreten, die mit der Berücksichtigung von Reserven überbrückt werden können.

Es ist aber *auch eine zu große Überliquidität (zu hohe Finanzmittel) zu vermeiden*, da die kurzfristig vorhandenen Finanzmittel nur zu niedrigen Zinsen veranlagt werden können. Ergibt sich somit eine nachhaltige Überliquidität, so sind entweder diese Mittel langfristig mit höheren Zinssätzen zu veranlagen oder können für eine Unternehmensexpansion herangezogen werden. Ergibt sich die Möglichkeit zu einer Expansion aufgrund vorhandener Finanzmittel, so ist der Finanzplan entsprechend zu überarbeiten.

Spitzfindig OHG
Datum: 2. 12. 199X
Bemerkung: bei planmäßiger Umsatzentwicklung

Finanzplanung

Bezeichnung:	1. Periode	2. Periode	3. Periode	4. Periode	5. Periode
	gesamt	gesamt	gesamt	gesamt	gesamt
Zahlungsmittel-Anfangsbestand	1000	398	26	1409	2137
Zahlungseing. v. Umsatz Vorp.	5348	9762	11510	12989	13972
Zahlungseingang v. Umsatz lfd.					
sonstige Zahlungseingänge					
Fremdmittel (Kredite)	2000	500	600		
Eigenmitteleinzahlungen					
Zinserträge					
Sonstiges					
Summe Einzahlungen	7348	10262	12110	12989	13972
Auszahlungen a. Vorperiode	137	17	1	0	0
Planung, Projektdurchf. usw.	1971	1618	486	1144	925
Investitionen	345	653	1015	1274	1560
Material	144	227	240	317	387
übrige Produktionskosten	1285	2325	2807	2929	3046
Personal/Angestellte	583	1054	1108	1152	1198
Personal/Arbeiter	2213	2991	3127	3252	3382
Personal/Verwaltung + Vertrieb	472	648	784	832	931
Verwaltung + Vertrieb					
Finanzierungskosten	200	200	260	260	260
Steuern	600	900	900	1100	1200
Fremdmittelrückzahlungen					
Eigenmittelrückzahlungen					
Sonstiges					
Summe Auszahlungen	7949	10634	10728	12261	12891
Zahlungsmittel-Endbestand	398	26	1409	2137	3218

11. Gewinn- und Verlustrechnung

In der Gewinn- und Verlustrechnung werden die Aufwendungen und Erträge gegenübergestellt, unabhängig vom Zahlungszeitpunkt. Das Beispiel beruht auf dem Gesamtkostenverfahren. – Wie immer sind die schraffierten Felder direkt in die Liste einzutragen, die *kursiv* geschriebenen Felder sind Summenzeilen, die übrigen Felder werden von den davorliegenden Formularen übernommen.

Setzen Sie in der ersten Periode den aus der Inventur ersichtlichen *Anfangs*bestand, und in allen Perioden den des *End*bestandes der Halb-/Fertigfabrikate ein; ebenso Veränderungen des Anlagevermögens, Aufwendungen für Pensionen und Abfertigungen, außerordentliche Erträge und Aufwendungen sowie den Gewinnvortrag in der er-sten Periode und die Rücklagenseite.

Die Gewinnsituation ist in der zweiten und dritten Periode rückläufig und steigt wieder in der vierten und fünften Periode.

Spitzfindig OHG
Datum: 2. 12. 199X
Bemerkung: bei planmäßiger Umsatzentwicklung

G + V (Gesamtkostenverf.)

Bezeichnung:	1. Periode	2. Periode	3. Periode	4. Periode	5. Periode
+ Anfangsbestand Halb- und Fertigfabrikate	0	1250	1500	2000	2500
– Endbestand Halb- und Fertigfabrikate	1250	1500	2000	2500	2800
1. Umsatzerlöse	7130	10639	11800	13386	14167
2. Bestandsveränderungen	1250	250	500	500	300
3. sonstige betriebliche Erträge					
a. aus dem Abgang vom Anlagevermögen					
b. aus der Auflösung von Rückstellungen					
Summe	*8380*	*10889*	*12300*	*13886*	*14467*
4. Materialaufwand und Aufwendungen für bezogene Leistungen	610	948	1354	1647	2028
5. Personalaufwand					
a. Löhne	624	1113	1157	1204	1252
b. Gehälter	3747	5595	6208	6457	6715
c. Aufwendungen für Pensionen und Abfertigungen					
6. Abschreibungen auf das Anlagevermögen	580	953	694	789	809
7. sonstige betriebliche Aufwendungen					
a. Steuern	600	900	900	1100	1200
b. übrige	660	670	795	835	940
8. *Zwischensumme aus 1 – 7*	*1558*	*711*	*1192*	*1854*	*1523*
9./10. Zinsensaldo	200	200	260	260	260
11. *Zwischensumme aus 9. + 10.*	*200*	*200*	*260*	*260*	*260*
12. *Ergebnis des gewöhnlichen Geschäfts*	*1358*	*511*	*932*	*1594*	*1263*
13. außerordentliche Erträge	0	0	0	0	0
14. außerordentliche Aufwendungen	100	100	100	100	100
15. *außerordentliches Ergebnis*	*– 100*	*– 100*	*– 100*	*– 100*	*– 100*
16. Steuern vom Einkommen und Ertrag	600	900	900	1100	1200
17. Jahresüberschuß	658	– 489	– 68	394	– 37
18. Gewinnvortrag aus dem Vorjahr		658	169	101	496
19. Auflösung unversteuerter Rücklagen					
20. Dotierung unversteuerter Rücklagen					
21. *Bilanzgewinn*	*658*	*169*	*101*	*496*	*459*

2. Stundensatzkalkulation

Unter Stundensatz versteht man den Preis einer Arbeitsstunde, den ein Unternehmen am Markt zur Deckung seiner Kosten und eines vorgegebenen Gewinns erzielen muß. Es sind davon jene Unternehmen betroffen, die überwiegend Arbeitsleistungen gegenüber Dritten erbringen, und die diese Leistungen auch nach dem Arbeitsaufwand in erbrachten Arbeitsstunden abrechnen. Es handelt sich daher um Unternehmen wie Schlossereien, Tischlereien, Mechaniker etc.

Ergibt die Stundensatzkalkulation den Preis einer Arbeitsstunde, der nicht jenem der Mitbewerber angemessen ist, so ist mit geeigneten Maßnahmen eine Verringerung der Kosten anzustreben.

Maßnahmen zur Verringerung der Kosten können sein:

- Verringerung der Personalkosten durch Einstellung von billigerem Personal
- Verringerung der Overheadkosten
- Erhöhung der produktiven Stunden und gleichzeitige Verringerung der Regiestunden (für Instandhaltung, Reinigung der Werkstätte, verbesserte Arbeitsorganisation)
- Verringerung von Ausfallzeiten für Arbeitsunfälle oder Krankheit

Der bloße rechnerische Stundensatz ist freilich nur eine Rechengröße in bezug auf die Wettbewerbsfähigkeit des Unternehmens. In die Betrachtung miteinzubeziehen ist daher auch die Leistung (= Produktivität), die in einer Arbeitsstunde erbracht wird, das heißt, jene Arbeitszeit, die für die Erbringung einer Leistung erforderlich ist. So ist zum Beispiel ein Schlosser, der ein bestimmtes Werkstück innerhalb der halben Arbeitszeit herstellen kann, trotz eines höheren Stundensatzes konkurrenzfähiger als ein Unternehmen mit einem geringeren Stundensatz, aber der doppelten Arbeitszeit.

Ein derartiges Szenarium ist durchaus realistisch, wenn eine höhere Produktivität durch den Einsatz besserer/rationellerer Werkstatteinrichtungen/Maschinen erreicht wird. Freilich drückt sich dann ein besserer und damit kostenintensiverer Maschinenpark wiederum in den in den Stundensatz einfließenden Abschreibungskosten aus.

Aus alldem ist zu folgern, daß die Wettbewerbsfähigkeit eines Unternehmens sowohl von seinem Stundensatz als auch seiner Produktivität abzuleiten ist. Beides muß in einem angemessenen Verhältnis zur Wettbewerbsfähigkeit des Mitbewerbs sein.

Auf einfachste Weise können Sie mittels eines Spreadsheets auftragsbezogen ein Produktivitätscontrolling vornehmen: Sie stellen die geplanten Stunden den tatsächlich verbrauchten gegenüber, was für kleine Handwerksbetriebe ausreichend aussagefähig sein kann. Bei Abweichungen, insbesondere bei einem Mehrverbrauch an Arbeitsstunden, sind die Gründe zu ermitteln und Maßnahmen vorzusehen, die eine neuerliche Überschreitung bei zukünftigen ähnlichen Aufträgen vermeiden helfen sollten.

Standard-Software ist mittlerweile ebenfalls erhältlich, auch in Kombination mit einem Materialverbrauchscontrolling. Leider ist bei vielen dieser Tools eine Datenschnittstelle zum Rechnungswesen nicht vorhanden, so daß die Daten eingetippt werden müssen.

In dem nachfolgenden Beispiel eines kleinen Gewerbebetriebes wird berücksichtigt, daß das Unternehmen neben der gewerblichen Tätigkeit auch einen Kleinhandel als Unternehmenssparte betreibt. Es sind daher jene Kosten, die der Handelssparte zuzurechnen sind, von der Stundensatzkalkulation abzuziehen.

Auf den folgenden Seiten werden die einzelnen Kalkulationsblätter in ihrer Systematik dargestellt. (Ein derartiger Formularsatz kann mit dem Spreadsheet eines gängigen Programms leicht selbst angefertigt werden.)

1. Personalkosten Löhne

– Sollstunden/Jahr: Jene im Jahr theoretisch möglichen Arbeitsstunden (inklusive Urlaub, jedoch ohne Sonn- und Feiertage), die ein Arbeitnehmer beschäftigt ist. Für teilzeitbeschäftigte oder unterjährig beschäftigte Mitarbeiter wird daher eine verminderte Sollstundenanzahl eingesetzt.

– Von den Sollstunden werden jene für Urlaub (individuelle Urlaubsansprüche berücksichtigen!), voraussichtliche Krankheit und sonstige Fehlzeiten zum Abzug gebracht, woraus die geplante Kapazität an Stunden resultiert.

– Unter Hinzurechnung der geplanten Überstunden ergibt sich die geplante Gesamtkapazität an Stunden.

– Das Anwesenheitsentgelt ergibt sich durch Multiplikation der Kapazität mit dem Bruttostundenlohn.

– Von der Stundenkapazität werden die Regiestunden (für nicht direkt verrechenbare Leistungen wie etwa Werkzeugreparatur, Instandhaltung etc.) abgezogen, woraus die direkt verrechenbaren Arbeitsstunden pro Arbeitnehmer als Restgröße resultieren.

– Aus dem Verhältnis der Summe der Kapazitätsstunden zu den direkt verrechenbaren Stunden resultiert der Auslastungsgrad.

– Durch Multiplikation der Summe der Anwesenheitsentgelte mit dem Auslastungsgrad errechnen sich die Kosten der gesamten verrechenbaren Stunden.

– Die Kosten der gesamten Regiestunden ergeben sich aus der Differenz der Summe der Anwesenheitskosten zur Summe der verrechenbaren Stunden.

– Zu den Kosten werden mit einem bestimmten Prozentsatz die Personalnebenkosten (in diesem Fall 97 Prozent) hinzugerechnet.

– Bei den Stunden des N.N.1 handelt es sich um verrechenbare Arbeitsstunden des Eigentümers (Details dazu im Blatt 2).

Fröhlich GmbH
Stundensatzkalkulation – Personalkosten (Löhne; 1)

Version: 0

Datum: 22. 10. 199X

Name	Soll-Std./Jahr	Nichtanwesenheit Urlaub	krank	sonst.	Std. anwesend	Überstunden	Kapazität	davon direkt	Regie	Brutto Std.-L.	Anw. Eng.
N.N. 1 (produktiv)	100	0	0	0	100	0	100	100	0	125	12.500
N.N. 2	2.040	230	0	80	1.660	20	1.680	1.350	330	130	218.400
N.N. 3	1.200	180	70	55	895		895	675	220	125	111.875
N.N. 4	2.040	210	70	90	1.680	30	1.710	1.250	460	125	213.750
N.N. 5	2.040	230	60	80	1.580	40	1.620	1.210	410	125	202.500
N.N. 6	370	30	150	20	250		250	200	50	125	31.250
N.N. 7	340	60	70	10	200		200	150	50	125	25.000
N.N. 8	2.040	250	200	80	1.510	20	1.530	1.070	460	120	183.600
N.N. 9	2.040	170	180	80	1.610	40	1.650	1.230	420	120	198.000
N.N. 10	1.090	30	100	55	905		905	670	235	115	104.075
N.N. 11	1.090	30	100	55	905		905	690	215	115	104.075
N.N. 12	240	30	80	20	110		110	80	30	115	12.650
Summe							11.555	8.675	2.880	ø: 123	1.417.675

Auslastungsgrad in %: 75   97

Anwesenheitsentgelt: 1.064.330   353.345   119   1.417.675

Personalnebenkosten + %   1.032.400   342.745   242   1.375.145

inkl. PNK   2.096.730   696.090   2.792.820

2. Personalkosten Gehälter

Mit dem Blatt 2 erfolgt die Aufsplittung der Gehälter in den Gewerbebereich und in den Handelsbereich dieses Unternehmens. Die dem Gewerbe zuzurechnenden Kosten fließen dabei in den Gemeinkostenzuschlag der Stundensätze ein, die dem Handelsbereich zuzurechnenden in die Handelskalkulation.

– Es wurde in diesem Fall angenommen, daß der Eigentümer ein Bruttogehalt von 32.800/Monat bezieht und dabei selbst im Unternehmen mit Stundensatz verrechenbare Arbeiten im Ausmaß von 100 Stunden leistet. Diese 100 Stunden wurden mit fünf Prozent seiner theoretischen Kapazität geschätzt und mit einem theoretischen Stundenlohn von 125 bewertet, so daß sich sein in die Gewerbesparte (als Gemeinkosten) und in der Handelssparte aufzuteilendes Jahresgehalt auf 381.100 reduziert. (Die 100 direkt verrechenbaren Stunden fließen auf Blatt 1 in die Stundenkalkulation ein.)

– Die Gehälter werden sodann wiederum in Handels- und Gewerbebereich aufgegliedert und deren Bruttosumme mit angenommenen Personalnebenkosten (in diesem Fall 64 Prozent) erhöht.

Fröhlich GmbH
Stundensatzkalkulation – Personalkosten (Gehälter; 2)

Version: 0

Datum: 22. 10. 199X

Name	Brutto GH/Mo. bzw. Std.-L.	Std. bzw. Mo. beschäftigt	Brutto Jahr	davon: Gewerbe	Handel
N.N. 1	31.758	12	381.100	190.000	191.100
Sek. 1	12.500	3	37.500	37.500	0
Sek. 2	18.000	14	252.000	113.000	139.000
Verkauf	16.000	14	224.000	50.000	174.000
Verkauf	16.500	14	231.000	0	231.000
			0		0
			0		0
			0		0
			0		0
			0		0
			0		0
			0		0
			0		0
			0		0
			0		0
			0		0
			0		0
Summe			1.125.600	390.500	735.100
Personalnebenkosten + %:			720.384	249.920	470.464
inkl. PNK			1.845.984	640.420	1.205.564

64

GF-Gehalt von 393.600 (12 x 32.800)
– 5% direkte Stunden (100 Std. von 2.000) à 12
ergibt 12.500
393.600 – 12.500 = 381.100

3. Kalkulatorische AfA

Der aus der Bilanz ersichtliche Wert des Anlagevermögens stellt nicht den Wert dar, den er tatsächlich für das Unternehmen besitzt. Die Werte der Bilanz sind rein steuerlicher Natur und müssen daher auf jene Werte korrigiert werden, die sie tatsächlich für das Unternehmen darstellen.

– Der letzte Buchwert der Anlagen wird in der Spalte »kalkulatorischer Restwert« auf den tatsächlichen Restwert korrigiert.

– Aus dem kalkulatorischen Restwert, unter Berücksichtigung der Abschreibungsdauer (kalkulatorisch), errechnet sich die jährliche kalkulatorische AfA.

– Anschließend erfolgt eine Aufsplittung der kalkulatorischen AfA in den Gewerbe- und Handelsbereich. Die Aufsplittung hat in dem Ausmaß zu erfolgen, in dem das Anlagevermögen in den jeweiligen Sparten eingesetzt wird oder Verwendung findet.

Fröhlich GmbH
Stundensatzkalkulation – kalkulatorische AfA (3)

Version: 0

Datum: 22. 10. 199X

Name	Anschaffungswert	letzter Buchwert	kalkulat. Restwert	restliche Nutzungsd.	kalk. AfA Summe	Untern.Ber. »Gew.«: TW	Untern.Ber. »Gew.«: kalk. AfA	Untern.Ber. »Handel«: TW	Untern.Ber. »Handel«: kalk. AfA
Maschinen	155	20	47	3	16	47	16	0	0
Werkzeuge	24	4	11	3	4	11	4	0	0
Adaptierung	1.900	1.200	1.200	6	200	850	142	350	58
Betr.- und Geschäftsausstattung	550	85	39	2	20	20	10	19	10
Fuhrpark	20	15	10	1	10	10	10	0	0
Summe		1.324	1.307		249	938	181	369	68

4. Eigenkapitalkorrektur, kalkulatorische Zinsen

Eine Korrektur und Zuteilung auf die beiden Unternehmenssparten hat nicht nur bei der AfA, sondern auch bei den Zinsen zu erfolgen. Die jeweiligen Zinsen fließen dann einerseits in die Stundensatzkalkulation und andererseits in jene der Handelssparte ein.

– Die Rechenoperation nimmt bei den Werten der letzten Bilanz ihren Ausgangspunkt: Die Bilanzwerte werden einerseits auf die kalkulatorischen Werte korrigiert, aber auch auf jene Werte, die die *aktuelle* Unternehmenssituation widerspiegeln. Aus deren Veränderung resultiert ein korrigiertes Eigenkapital.

Die Korrektur des Anlagevermögens wurde von Blatt 3 übernommen, in dem die Überleitung vom Restwert auf die kalkulatorischen Werte im Detail erarbeitet wurde.

Bei der Vorratskorrektur wurde in diesem Beispiel angenommen, daß ein Teil der Vorräte nicht mehr im vorhandenen Ausmaß verwertbar ist, woraus eine Abwertung erfolgte.

Bei einem Teil der Forderungen erfolgten Kundenreklamationen, woraus entsprechend der Wahrscheinlichkeit der Berechtigung der Reklamationen eine Abwertung erfolgte.

Der Grund der Korrektur der Bankverbindlichkeiten liegt in einer erwarteten, nachträglichen Gutschrift für die abgelaufene Periode.

Die Verbindlichkeiten wurden aufgrund eigener Reklamationen gegenüber Unterlieferanten korrigiert.

– Die Aufteilung auf die Handelssparte und Gewerbesparte erfolgt durch Aufteilung der einzelnen Positionen des Vermögens. Das Resultat ist ein Prozentsatz vom Gesamtvermögen (Aktivseite) in den beiden Sparten.

– Die Berechnung der Zinsen beginnt beim korrigierten Eigenkapital: Vom korrigierten Eigenkapital werden kalkulatorische Zinsen, die sich an einer erwünschten Verzinsung des Eigenkapitals orientieren (in diesem Fall wurden sieben Prozent angenommen), berechnet. Dazu kommen Fremdkapitalzinsen, wie sie für die Planperiode angenommen werden. Anschließend werden die Zinsen auf die beiden Sparten in jenem Verhältnis aufgegliedert, das der Aufteilung des Gesamtkapitals entspricht.

Fröhlich GmbH
Stundensatzkalkulation – Korrektur der Aktiva (4/1)
alle Beträge in 1.000

Version: 0

Datum: 22. 10. 199X

Aktiva	Wert der BH. letzte Bilanz	%	korrigierter Wert	%
A. Anlagevermögen				
1. Sachanlagen				
1.1 Grundstücke und Gebäude	20		0	
1.2 Masch. und maschin. Anl.			47	
1.3 im Bau befindliche Anlagen				
1.4 sonstige	1.304		1.260	
Summe	1.324	19,2	1.307	20,0
2. Finanzanlagen				
2.1 Beteiligungen				
2.2 sonstige				
Summe	0	0,0	0	0,0
Summe	**1.324**	19,2	**1.307**	20,0
B. Umlaufvermögen				
1. Vorräte				
1.1 Roh-, Hilfs- und Betriebsst.	590		480	
1.2 unfertige Erzeugnisse	280		220	
1.3 fertige Erzeugn. und Waren	1.010		1.010	
Summe	1.880	27,3	1.710	26,1
2. Forder. und sonstige Verm.				
2.1 Forder. a. Lief. und Leist.	1.100		1.000	
2.2 sonstige Ford. und Verm.	1.346		1.300	
Summe	2.446	35,6	2.300	35,1
3. flüssige Mittel				
3.1 Kassabestand	450		450	
3.2 Postscheckguthaben	0		0	
3.3 Bankguthaben	780		780	
Summe	1.230	17,9	1.230	18,8
Summe	**5.556**	80,8	**5.240**	80,0
Summe	***6.880***	**100,0**	***6.547***	**100,0**

Fröhlich GmbH
Stundensatzkalkulation – Korrektur der Passiva (4/2)
alle Beträge in 1.000

Version: 0
Datum: 22. 10. 199X

Passiva	Werte der BH.	%	korrigierter Wert	%
A. Eigenkapital				
1. Stammkapital				
1.1 Nominale	500	7,3	500	7,6
1.2 ausst. Eigenk.	– 250	– 3,6	– 250	– 3,8
Summe	250	3,6	250	3,8
2. Gewinnrücklage (freie Rückl.)	370	5,4	370	5,7
3. Bilanzgewinn	1.120	16,3	987	15,1
4. Privatentnahmen	200	2,9	200	3,1
Summe	**1.540**	**22,4**	**1.407**	**10,0**
B. unversteuerte Rücklagen				
1. Bew. Res. a. Gr. v. Sonderab.	0	0,0	0	0,0
2. Investitionsrücklage	0	0,0	0	0,0
Summe	**0**	**0,0**	**0**	**0,0**
C. Rückstellungen				
1. Rückst. für Abfertigungen	150	2,2	150	2,3
2. Rückst. für Pensionen	0	0,0	0	0,0
3. Steuerrückstellungen	0	0,0	0	0,0
4. sonstige Rückstellungen	90	1,3	90	1,4
Summe	**240**	**3,5**	**240**	**3,7**
D. Verbindlichkeiten				
1. Verb. gegen Banken	3.200	46,5	3.100	47,3
2. Verb. aus Lief. und Leist.	700	10,2	650	9,9
3. sonstige Verbindlichkeiten	1.200	17,4	1.150	17,6
Summe	**5.100**	**74,1**	**4.900**	**74,8**
Summe	**6.880**	**100,0**	**6.547**	**100,0**

Fröhlich GmbH   Version: 0
Stundensatzkalkulation – Aufteilung des kalkulator. Vermögens (4/3)
alle Beträge in 1.000   Datum: 22. 10. 199X

	korr. Wert	Sparten	
		Gewerbe	Handel
A. Anlagevermögen			
1. Sachanlagen			
1.1 Grundstücke und Gebäude	0	0	0
1.2 Maschinen und masch. Anl.	47	20	27
1.3 im Bau befindliche Anlagen	0		0
1.4 sonstige	1.260	870	390
Summe	1.307	890	417
2. Finanzanlagen			
2.1 Beteiligungen	0		0
2.2 sonstige	0		0
Summe	0	0	0
Summe	**1.307**	**890**	**417**
B. Umlaufvermögen			
1. Vorräte			
1.1 Roh-, Hilfs- und Betriebsst.	480	480	0
1.2 unfertige Erzeugnisse	220	220	0
1.3 fertige Erz. und Waren	1.010	110	900
Summe	1.710	810	900
2. Ford. und sonst. Vermö.			
2.1 Ford. aus Lief. und Leist.	1.000	850	150
2.2 sonst. Ford. und Vermö.	1.300	1.000	300
Summe	2.300	1.850	450
3. flüssige Mittel			
3.1 Kassabestand	450	220	230
3.2 Postscheckguthaben	0	0	0
3.3 Bankguthaben	780	340	440
Summe	1.230	560	670
Summe	**5.240**	**3.220**	**2.020**
Summe Vermögen	**6.547**	**4.110**	**2.437**
Verteilung in %		63	37

Fröhlich GmbH   Version: 0
Stundensatzkalkulation – Berechnung der kalkulatorischen Zinsen (4/4)
alle Beträge in 1.000   Datum: 22. 10. 199X

	korr. Wert	Sparten	Gewerbe	Handel
korrigiertes Eigenkapital	1.407			
Zinssatz in %	7			
= **kalkulatorische EK-Zinsen**	98		62	37
Fremdkapitalzinsen lt. Plan	210		132	78
Gesamtzinsen	308		194	115

5. Gemeinkosten

Die Gemeinkosten des Unternehmens werden für die kommende Periode unter Berücksichtigung der Zielsetzungen des Geschäftsplans geplant. Anschließend erfolgt eine Aufteilung der GK in den Gewerbe- und Handelsbereich. Innerhalb des Gewerbebereichs werden die Kosten in fixe und variable unterteilt. Bei den fixen Kosten erfolgt noch eine zusätzliche Unterscheidung in ausgabenwirksame (also Kosten mit einem gleichzeitigen Zahlungsvorgang) und nicht ausgabenwirksame Kosten (ohne Zahlungsvorgang, wie etwa Abschreibungen.)

– Bei den Materialkosten werden nur jene Materialien erfaßt, die nicht direkt an Kunden weiterverrechnet werden, in der Regel handelt es sich dabei um Hilfsmaterial. Auf das an Kunden weiterverrechnete Material im Gewerbebereich wird auch in Blatt 6 eingegangen (Handelsbereich siehe Handelskalkulation).

– Bei den Löhnen werden aus Blatt 1 nur die nicht direkt verrechneten, somit die Regielöhne, übernommen. Die stundenwirksamen Löhne fließen direkt in die Stundensatzkalkulation ein.

– Die Gehaltszuordnung wird aus Blatt 2 übernommen. Die Einschätzung, inwieweit Kosten als fix und variabel anzusehen sind, richtet sich nach der jeweiligen Unternehmenssituation. Als variabel können sie dann betrachtet werden, wenn die Beschäftigung der Mitarbeiter an die Auftragslage rasch innerhalb der Planungsperiode angepaßt werden kann.

– Höhe und Zuordnung der kalkulatorischen Abschreibung wird dem Blatt 2 entnommen.

– Die Zinsen für Eigenkapital und Fremdkapital wurden von Blatt 4/4 übertragen. Beachten Sie dabei, daß die Eigenkapitalzinsen fix, aber nicht ausgabenwirksam sind, da hier kein Geldfluß erfolgt. Hingegen sind die Fremdkapitalzinsen ausgabenwirksam, da hier die Zinsen tatsächlich in der Periode an den Kreditgeber gezahlt werden müssen.

Fröhlich GmbH
Stundensatzkalkulation – Gemeinkosten (5)
alle Beträge in 1.000

Version: 0

Datum: 22. 10.

geplante Kosten	gesamt	Gewerbe:	fix/nicht ausgabenwirksam	fix/ausgabenwirksam	variabel	Handel:
1. Materialaufwand und Aufwand für Leist.	180	180			180	
2. Personalaufwand						
a. Löhne (nicht direkt verrechnet; 1)	696	696		496	200	376
b. Gehälter (nicht direkt verrechnet; 2)	1.846	640		640		1.206
c. Aufwendungen für Pens. und Abfert.	100					100
Summe 2	*2.642*	*1.337*	*0*	*1.136*	*200*	*1.681*
3. Abschr. auf das Anlageverm. (kalkulat.; 3)	249	181	181	0		68
4. sonstige betriebliche Aufwendungen	606	283	0	154	129	323
5. Steuern	220	140			140	80
6. übrige	50	40		40		10
Summe 3 – 6	*1.125*	*644*	*181*	*194*	*269*	*481*
5. Zwischensumme aus 1 – 6	3.947	2.161	181	1.330	649	2.162
6. Zinserträge	180	100		40	60	80
7. Zinsaufw.						
kalkulatorische Eigenkapitalzinsen (4/4)	98	62	62	0	0	37
Fremdkapitalzinsen	210	132		132		78
8. Zwischensumme aus 6 + 7	*128*	*94*	*62*	*92*	*–60*	*35*
Summe	**4.075**	**2.254**	**243**	**1.422**	**589**	**2.197**

Erläuterungen, Zusammensetzung der sonstigen betrieblichen Aufwendungen

	gesamt	Gewerbe:	fix/nicht ausgabenwirksam	fix/ausgabenwirksam	variabel	Handel:
Vertriebssonderkosten (Provisionen, Lizenzen)	70	50		5	45	20
Energiekosten	20	8		3	5	12
Instandhaltungskosten	15	9		5	4	6
Post- und Telefongebühren	25	9		6	3	16
Rechts- und Beratungskosten	70	50		50		20
Werbe- und werbeähnliche Aufw.	45	10		10		35
Reisekosten	5	3		3		2
Geldverkehrskosten	15	5		4	1	10
Büromaterialverbrauch	10	4		3	1	6
sonstige Aufwendungen	300	110		60	50	190
Schadensfälle	31	25		5	20	6
Summe:	**606**	**283**	**0**	**154**	**129**	**323**

6. Berechnung Gemeinkosten-, Gewinnzuschlag

Werden Waren (in Verbindung mit einer Arbeitsleistung in der Gewerbesparte) zu einem höheren Preis an den Kunden weiterverrechnet, als sie eingekauft wurden, so reduziert der Differenzgewinn die vorläufig berechneten Gemeinkosten (Blatt 5) und führt damit zum endgültigen Gemeinkostenzuschlag, der dann in der Folge in die Blätter 7 und 8 einfließt. Dies trifft auch auf verrechenbare Lehrlingsleistungen zu, wenn deren Kosten in die bisherigen Gemeinkosten (Blatt 5) aufgenommmen wurden.

Erklärt wird dies am Beispiel von Autoersatzteilen eines Kfz-Betriebes: Ersatzteile werden im Rahmen von Reparaturen an Kunden zu einem höheren Preis verkauft, als sie von außen bezogen werden. Diese Preisdifferenz ermöglicht es nun, die Gemeinkosten, die in Blatt 5 berechnet wurden, entsprechend zu senken.

Das Blatt dient gleichfalls zur Berechnung des Plangewinnzuschlags: Der in das Blatt einzusetzende geplante Gewinn wird durch die Anzahl der direkt verrechenbaren Stunden dividiert, woraus ein Kalkulationszuschlag/Stunde resultiert.

– Es werden nur jene Materialkosten des Gewerbebereichs eingesetzt, die im Zusammenhang mit einer Leistungserstellung direkt an Kunden zu einem höheren Preis verrechnet werden, somit nicht bereits in Blatt 5 erfaßte Materialgemeinkostenzuschläge. Hier wurde angenommen, daß diese Teile mit einem Aufschlag von 20 Prozent weiterverrechnet werden. Der Aufschlag vermindert somit Ihre Gemeinkosten.

– Der Einsatz einer bestimmten Maschine wird nach Stundenanfall direkt an Kunden verrechnet. Die Kosten der Maschine sind bereits in jenen der Abschreibung, in Energie- und Instandhaltungskosten (Blatt 5) mitkalkuliert. Ihre Weiterverrechnung vermindert somit die Gemeinkosten.

– Die Summe der Gemeinkosten*beiträge* (Blatt 6) vermindert die Gemeinkosten (Blatt 5). Die somit restlichen Gemeinkosten werden durch die Anzahl an verrechenbaren Stunden (aus Blatt 1) dividiert, woraus der erforderliche korrigierte Gemeinkostendeckungsbeitrag als Restgröße verbleibt.

– Der Plangewinn kann auch noch als kalkulatorische Reserve betrachtet werden. Damit wird der Fall angesprochen, daß bei unveränderten Kosten nicht die geplante Stundenanzahl verrechnet werden kann oder die geplanten Gemeinkosten tatsächlich höher als geplant ausfallen sollten. Die Reserve ist somit ein zusätzliches Steuerungsinstrument für den Unternehmer.

Fröhlich GmbH
Stundensatzkalkulation – Berechnung Gemeinkosten-, Gewinnzuschlag (6)
Beträge in 1.000

Version: 0
Datum: 22. 10. 199X

Material und Fremdleistungen:

	Einsatz	Zuschl. %		Zuschl.abs.
Ersatzteile	300	20		60
				0
				60
				0
				0
				0
		Summe		60

Maschinenstunden:

	Einheiten	Verr. Satz		Erlöse
Maschine 1	50	0,400		20
				0
				20
				0
				0
				0
		Summe		20

sonstige Sparte

	Netto Ums.	Rohgewinn		err. GK
	WE			0
				0
				0
				0
		Summe		0

Lehrlinge Verrechnung

	Einheiten	Verr. Satz		Erlöse
				0
				0
				0
		Summe		0

Summe der Beiträge zu den GK	0
errechnete GK (Gewerbe, 5)	**80**
zu deckende Gemeinkosten somit	2.254
direkt verrechenbare Stundenanzahl (1)	2.174
Gemeinkostenzuschlag pro Stunde	8.675 / 0,251

Plangewinn + Reserve	300
Plangewinnzuschlag pro Stunde	**0,035**

7. Stundensätze der Lohngruppen

Kalkulation der durchschnittlichen Stundensätze und der Stundensätze in den einzelnen Lohngruppen. Der kalkulierte Stundensatz wird anschließend dem am Markt erzielbaren gegenübergestellt: Liegt der vom Markt akzeptierte Stundensatz unter dem vorkalkulierten, so sind die bereits erwähnten Korrekturmaßnahmen einzuleiten. Darstellung findet ebenfalls der Deckungsbeitrag/ Stunde.

– Die Lohngruppen und Personalnebenkosten werden aus Blatt 1 übernommen.
– Der Gemeinkostenzuschlag unter Abzug des Gemeinkostendeckungsbeitrags wird aus Blatt 6 übernommen, ebenso der in Blatt 6 errechnete Zuschlag für Gewinn und Reserve.
– Die Wettbewerbsfähigkeit des vorkalkulierten Stundensatzes ist aus dem Vergleich mit dem auf dem Markt erzielbaren (= verkaufbaren) Stundensatz ersichtlich.
– Aus der Gegenüberstellung der Grenzkosten (wird in Blatt 8 erläutert) und des erzielbaren Stundensatzes in den einzelnen Lohngruppen errechnet sich der Deckungsbeitrag. Unter Deckungsbeitrag wird der absolute Beitrag je Arbeitsstunde zur Deckung der Gemeinkosten verstanden. Die Summe der Arbeitsstunden mit dem vollen Deckungsbeitrag soll zur Abdeckung der gesamten geplanten Gemeinkosten führen.

Fröhlich GmbH

Stundensatzkalkulation – Stundensätze der Lohngruppen (7) Version: 0

PNK in %: 97 Datum: 22. 10. 199X

Lohngruppen	Ø	1	2	3	4
Brutto/Std. inkl. Zulagen					
(ohne PNK; 1)	123	130	125	120	115
PNK (1)	119	126	121	116	112
Ko/Stunde/inkl. PNK	242	256	246	236	227
GK-Zuschlag/Stunde (6)	251	251	251	251	251
Selbstkosten/Stunde	492	507	497	487	477
Gewinn + Reserve (6)	35	35	35	35	35
Stundensatz	**527**	**541**	**531**	**522**	**512**
erzielbarer Stundensatz	540	550	550	530	530
Grenzkosten/Stunde (8)	310	310	310	310	310
Deckungsbeitrag/Stunde	230	240	240	220	220

8. Deckungsstufen des Stundensatzes

Ausgehend von den gesamten Absolutbeträgen werden für den durchschnittlichen Stundensatz die verschiedenen Deckungsstufen ermittelt – einmal *ohne* Berücksichtigung des Gemeinkostendeckungsbeitrages, einmal *mit* diesem.
Der Sinn der Ermittlung von Deckungsstufen liegt darin, Ausmaß und zeitliche Zulässigkeit von Unterschreitungen des Stundensatzes beurteilen zu können.

> **Auf Dauer gesehen ist kein Stundensatz unter jenem der Selbstkosten, bzw. Selbstkosten plus einem Gewinnzuschlag, zulässig. Wie lange sie letztlich darunter liegen können, hängt von ihren vorhandenen Finanzmitteln und den sonstigen Reserven in Ihrer Bilanz ab.**

Nur kurzfristig kann eine Arbeitsstunde zu Grenzkosten verkauft werden: Es werden nur die direkten Personalkosten und die variablen Gemeinkosten gedeckt.
Der Verkauf einer Arbeitsstunde zu »ausgabenwirksamen Selbstkosten« ist zur Überbrückung von Minderauslastungen zulässig, insbesondere wenn bilanzielle Reserven vorhanden sind, da der Liquiditätsbedarf mit dieser Kalkulation gedeckt wird. Nicht gedeckt sind darin jedoch die fixen, nicht ausgabenwirksamen Kosten (Abschreibungen, kalkulatorischen Zinsen etc.). Deren Nichtdeckung wirkt sich unmittelbar nicht auf die Liquidität, jedoch längerfristig auf den Bilanzgewinn aus.
Kann eine Arbeitsstunde zu Selbstkosten verkauft werden, so werden alle Kosten von diesem Preis gedeckt, und es wird damit der Fortbestand des Unternehmens gesichert.
Geht man von einer Gewinnabsicht bei einer unternehmerischen Tätigkeit aus, so sollte auch der Plangewinn (der auch Kalkulationsreservefunktion erfüllt) Deckung finden.

Unter Deckungsbeitrag kann die Differenz zwischen Grenzkosten (= Preisuntergrenze) und dem erzielbaren Verkaufspreis verstanden werden. Es wird an dieser Stelle nochmals auf die einzubeziehende Betrachtung der *Produktiviät* verwiesen. Auch diese ist, wie bereits dargestellt wurde, Teil der Beurteilung der Wettbewerbsfähigkeit.

Fröhlich GmbH
Stundensatzkalkulation – Deckungsstufen des Stundensatzes (8)

Version: 0
Datum: 22. 10. 199X

	gesamt in 1000	Ø-Stundensatz ohne GK-Beitrag	Ø-Stundensatz mit GK-Beitrag
Dir. verr. Stunden (1)	8.675		
Dir. Anw. Entgelte inkl. PNK (1)	2.097	242	242
variable GK (5) +	589	68	68
Grenzkosten =	**2.686**	**310**	**310**
fixe GK ausgabenwirksam (5) +	1.422	164	164
Beiträge zu den GK (6) –	– 80	–	– 9
Selbstkosten ausgabenwirksam	**4.028**	**474**	**464**
fixe GK nicht ausgabenwirksam (5) +	243	28	28
Selbstkosten	**4.271**	**502**	**492**
Plangewinn (6)	300	35	35
angestrebter Verkaufspreis je Stunde	**4.571**	**536**	**527**
erzielbarer Verkaufspreis/Stunde (7)		540	540
Deckungsbeitrag/Stunde =		**230**	**221**

3. Handelskalkulation

Das Beispiel der Handelskalkulation baut auf dem der Stundensatz-kalkulation auf. Es wurde unterstellt, daß das genannte Unternehmen sowohl in einer Gewerbesparte als auch in einer Handelssparte tätig ist.

Ziel des Beispiels ist es, für vier Waren oder Warengruppen jenen Nettoverkaufspreis (ohne Mehrwertsteuer) zu ermitteln, der die Kosten (»Handlungskosten«) deckt, und in dem noch ein bestimmter Gewinnanteil berücksichtigt wurde. Die Handelsspanne, als Prozentsatz definiert, ist der Unterschied zwischen dem Einstandspreis der Ware und dem Verkaufspreis und setzt sich somit aus den Handlungskosten plus dem Gewinn zusammen.

Wenn die tatsächlich möglichen Verkaufspreise unter jenen der vorkalkulierten liegen, weil sich die Preise an jene des Mitbewerbs anpassen müssen, so verringert sich die Handelsspanne entsprechend. In diesem Fall muß das Unternehmen eine Senkung seiner Einstandspreise bei den Lieferanten zu erreichen versuchen oder/und eine Reduzierung seiner Handlungskosten anstreben, zum Beispiel durch die Zurücknahme der Anzahl des Verkaufspersonals.

Ein Preis unter jenem der Selbstkosten ist zur Überbrückung einer ungünstigen Marktsituation, abhängig vom Gewinnvortrag des Unternehmens und dessen Liquiditätssituation, möglich. Ebenso wie bei der Stundensatzkalkulation könnte bei der Berechnung der Handlungskosten (Blatt 6) noch eine Untergliederung in ausgaben-wirksame, nicht ausgabenwirksame, fixe und variable Kosten gemacht werden. Preise, die unter der ausgabenwirksamen Kostendeckung liegen, sind nur für wirklich kurzfristige Überbrückungen zulässig. Verkaufspreise zum Einstandspreis der Handelswaren können nur für die kurzfristige Beschaffung von Geldmitteln akzeptiert werden, wobei sich in solchen Fällen ein Unternehmen meist in einer umfassenderen Krise befindet.

Eine Gliederung in Waren/Warengruppen ermöglicht eine differenzierte Aussage über die in einzelnen Gruppen entstehenden Kosten.

Sinnvoll ist dies dann, wenn die Nutzung von Anlagen oder die Handlungskosten nicht für alle Warengruppen im Verhältnis der Summe der Einstandspreise oder Umsätze anfallen.

1. Einstandspreis

Der Einstandspreis ist jener Preis der Ware, mit dem diese in die Sphäre des Unternehmens gelangt. Zum Preis, der an den Lieferanten der Ware bezahlt wird, sind noch alle jene Kosten hinzuzuzählen, die mit dem Bezug der Waren im Zusammenhang stehen. Es sei denn, daß einzelne Komponenten bereits in den Bareinkaufspreis inkludiert sind; so fallen zum Beispiel bei einer Lieferung »frei Haus« keine Fracht- und Verpackungskosten mehr an.

Unter »Anteil« wird der Prozentsatz mit dem die jeweilige Warengruppe an der Summe aller Warengruppen beteiligt ist, verstanden. Dieser Anteil fließt in weitere Blätter ein.

Fröhlich GmbH
Handelskalkulation – Einstandspreis (1)
alle Beträge in 1.000

Version: 0

Datum: 22. 10. 199X

		Summe	Ware oder Warengruppe			
			A	B	C	D
Listenpreis		3240	800	740	1030	670
– Bonus, Rabatt	–	– 125	– 20	– 40	– 30	– 35
+ Mindermengenzuschlag, – Mengenrabatt	±	45	30		10	5
Zieleinkaufspreis	=	3160	810	700	1010	640
– Skonto	–	– 30	– 5		– 10	– 15
Bareinkaufspreis	=	3130	805	700	1000	625
+ Bezugskosten	+					
Verpackung		60	10		20	30
Fracht, Versicherung etc.		80	5	10	25	40
Zoll		15	5			10
sonstiges			5	5		
Einstandspreis	=	**3295**	**830**	**715**	**1045**	**705**
Anteil	%	100	25	22	32	21

2. Löhne

Erfassung der Lohnkosten für die einzelnen Warengruppen.
In dem Beispiel wurde angenommen, daß ein Lohnbeschäftigter halbtags im Lager für die Warengruppen A und B, der andere für die Warengruppen C und D tätig ist. Die tatsächlich voraussichtlich geleisteten Arbeitsstunden wurden individuell, bezogen auf den Mitarbeiter, geplant.

Die Beaufschlagung mit Personalnebenkosten werden mit 97 Prozent aus der Stundensatzkalkulation übernommen.

Der Prozentsatz der Personalnebenkosten, der im allgemeinen derzeit immer mit knapp unter 100 Prozent angegeben wird, beinhaltet jedoch, neben der 13. und 14. Lohn-/Gehaltszahlung im Jahr, auch den Gedanken, daß die durchschnittlichen Abwesenheitszeiten aufgrund von Krankheit oder Urlaub mit der für diese Zeit erforderlichen »Ersatzeinstellung« auszugleichen sind.

Bleibt jedoch wegen der urlaubsbedingten oder krankheitsbedingten Abwesenheit eines Mitarbeiters »die Arbeit liegen«, und der Mitarbeiter selbst holt Rückstände nach seiner Rückkehr auf, so ist der Prozentsatz zu korrigieren.

Das Schlagwort von den »100 Prozent Personalnebenkosten« wird, meiner Meinung nach, in der politischen Diskussion oft mißbräuchlich verwendet und ist in manchen Fällen gar nicht zutreffend.

Fröhlich GmbH
Handelskalkulation – Löhne (2)

Version: 0

Datum: 22. 10. 94

Name	Soll-Std. Jahr	Nichtanwesenheit Urlaub	Krankheit	sonstige	Std. an- wesend	Über- stunden	Kapazität	Brutto- Std.-L.	Anw. Entg.	davon für Ware oder Warengruppe A	B	C	D
N. N. 1	1.020	80	15	5	920	20	940	105	98.700	49.350	49.350	46.000	46.000
N. N. 2	1.020	80	20	15	905	15	920	100	92.000	47.870	47.870	44.620	44.620
					0		0		0				
					0		0		0				
					0		0		0				
					0		0		0				
					0		0		0				
					0		0		0				
					0		0		0				
					0		0		0				
					0		0		0				
					0		0		0				
					0		0		0				
					0		0		0				
					0		0		0				
					0		0		0				
Summe							1.860		190.700	49.350	49.350	46.000	46.000
Personalnebenkosten + %: `97`									184.979	47.870	47.870	44.620	44.620
inkl. PNK									375.679	97.220	97.220	90.620	90.620

3. Gehälter

Es werden die in der Stundensatzkalkulation dem Handelsbereich zugeordneten Gehälter auf die einzelnen Waren/Warengruppen aufgeteilt.

Die Aufteilung erfolgt im Beispiel gleichmäßig auf alle Warengruppen (jeweils $\frac{1}{4}$), könnte aber auch im Verhältnis der jeweiligen Warengruppe am gesamten Einstandspreis (aus Blatt 1 der Handelskalkulation) oder am Umsatz orientiert erfolgen.

Die Personalnebenkosten wurden mit 64 Prozent angenommen.

Fröhlich GmbH
Handelskalkulation – Gehälter (3)

Version: 0

Datum: 22. 10. 199X

| | Gehälter Handel | davon für Ware oder Warengruppe | | | |
		A	B	C	D
aus Formular *Stundensatzkalkulation* – Personalkosten (Gehälter; 2)	735.100	183.775	183.775	183.775	183.775
Personalnebenkosten + %:	64				
PNK	470.464	117.616	117.616	117.616	117.616
Gehälter inkl. PNK	1.205.564	301.391	301.391	301.391	301.391

4. Kalkulatorische AfA

Die Überleitung der aus der Bilanz resultierenden AfA auf kalkulatorische Werte erfolgte auf dem Formular der Stundensatzkalkulation. Es verbleibt somit, die bereits ermittelte kalkulatorische AfA des Handelswarenbereiches auf die Waren/Warengruppen zu verteilen.

Im Beispiel erfolgte die Aufteilung entsprechend der Anzahl von Waren/Warengruppen, da die Nutzung der Anlagen entsprechend der Zahl an Warengruppen vorgenommen wird. Es könnte auch im Verhältnis zur Summe der Einstandspreise oder des Umsatzes aufgeteilt werden.

Fröhlich GmbH
Handelskalkulation – kalkulatorische AfA (4)
alle Beträge in 1.000

Version: 0

Datum: 22. 10. 199X

Unternehmensbereich »Handel«

davon für Ware oder Warengruppe

	TW	kalkulatorische AfA	A	B	C	D
	0	0				
	0	0				
	0	0				
Maschinen	0	0				
Werkzeuge	0	0				
	0	0				
Adaptierung	350	58	15	15	15	15
	0	0				
Betr. und Gesch.-Ausst.	19	10	2	2	2	2
	0	0				
Fuhrpark	0	0				
	0	0				
	0	0				
	0	0				
	0	0				
	0	0				
	0	0				
	0	0				
Summe	**369**	**68**	**17**	**17**	**17**	**17**
Anteil		**100**	**25**	**25**	**25**	**25**

5. Kalkulatorisches Vermögen, kalkulatorische Zinsen

Die Trennung in Vermögen des Gewerbezweiges und des Handelszweiges wurde bereits im Rahmen der Stundensatzkalkulation vorgenommen. Im Formblatt 5/1 erfolgt eine weiterführende Aufteilung auf die Waren/Warengruppen des Handelsbereiches.

Beachten Sie die unterschiedliche Aufteilung in den einzelnen Zeilen: aliquot, zu gleichen Teilen oder gemäß einer in Einzelfällen tatsächlichen Zuordnungsmöglichkeit. Letzteres wurde bei den »Forderungen aus Lieferungen und Leistungen« durchgeführt, da das Beispiel davon ausgeht, daß die Warenlieferungen an getrennte Kundengruppen erfolgen und daher die Forderungen der jeweiligen Warengruppe zugeordnet werden können.

Die Vorgangsweise ist stets auf die Unternehmensspezifika abzustimmen!

Im Verhältnis der Vermögensaufteilung wird nun in Formblatt 5/2 die Aufteilung des kalkulatorischen Kapitals (Eigenkapital- und Fremdkapitalzinsen) durchgeführt.

Fröhlich GmbH

Version: 0

Handelskalkulation – Aufteilung des kalkulatorischen Vermögens (5/1)

Datum: 22. 10. 199X

alle Beträge in 1.000

	Summe Handel	davon für Ware oder Warengruppe			
		A	B	C	D
A. Anlagevermögen					
1. Sachanlagen					
1.1 Grundstücke und Gebäude	0				
1.2 Maschinen und maschin. Anlagen	27	10		7	10
1.3 im Bau befindliche Anlagen	0				
1.4 sonstige	390	100	100	90	100
Summe	417	110	100	97	110
2. Finanzanlagen					
2.1 Beteiligungen	0				
2.2 sonstige	0				
Summe	0	0	0	0	0
Summe	**417**	**110**	**100**	**97**	**110**
B. Umlaufvermögen					
1. Vorräte					
1.1 Roh-, Hilfs- und Betriebsstoffe	0				
1.2 unfertige Erzeugnisse	0				
1.3 fertige Erzeugnisse und Waren	900	100	200	400	200
Summe	900	100	200	400	200
2. Forderungen und sonstige Vermö.					
2.1 Forderungen aus Lief. und Leist.	150	40	40	50	20
2.2 sonstige Ford. und Vermö.	300	100	50	150	
Summe	450	140	90	200	20
3. flüssige Mittel					
3.1 Kassabestand	230	58	58	58	58
3.2 Postscheckguthaben	0				
3.3 Bankguthaben	440	110	110	110	110
Summe	670	168	168	168	168
Summe	**2.020**	**408**	**458**	**768**	**388**
Summe Vermögen	**2.437**	**518**	**558**	**865**	**498**
Verteilung in %:	37	21	23	35	20

Fröhlich GmbH
Handelskalkulation – Berechnung der kalkulatorischen Zinsen (5/2)
alle Beträge in 1.000

Version: 0
Datum: 22. 10. 199X

	korrigierter Wert	Summe Handel	davon für Ware oder Warengruppe			
			A	B	C	D
korrigiertes Eigenkapital	1.407					
Zinssatz in %	7					
= kalkulatorische EK-Zinsen		37	8	8	13	7
Fremdkapitalzinsen lt. Plan		78	17	18	28	16
Gesamtzinsen		115	24	26	41	23

6. Handlungskosten

Höhe und Aufteilung auf die Waren/Warengruppen wird bei folgenden Positionen aus den bisherigen Berechnungen übernommen:

● Löhne
● Gehälter
● Abschreibungen
● Zinsaufwand

Die übrigen Kosten stellen ebenfalls Plankosten dar, die sich aus dem Aufwand vergangener Jahre und aus den Unternehmenszielsetzungen für zukünftige Jahre ableiten. Der Anteil des Handelszweiges wurde im Rahmen der Stundensatzkalkulation errechnet, die Aufteilung auf Waren/Warengruppen erfolgt wiederum geschlüsselt oder, sofern dies möglich ist, verursachungsgerecht.

Die Handelsspanne (von unten gerechnet) ist der Prozentsatz der Beaufschlagung vom Einstandspreis auf den Verkaufspreis.

Fröhlich GmbH
Handelskalkulation – Handlungskosten (6)
alle Beträge in 1.000

Version: 0

Datum: 22. 10. 199X

	Summe	Ware oder Warengruppe			
		A	B	C	D
2. Personalaufwand					
a. Löhne (Handel; 1)	376	97	97	91	91
b. Gehälter (Handel; 2)	1.206	301	301	301	301
c. Aufw. für Pens. und Abf.	100	100			
Summe 2	*1.681*	*499*	*399*	*392*	*392*
3. Abschr. auf das Anlagev. (kalkulat.; 3)	68	17	17	17	17
4. sonstige betriebliche Aufwendungen	323	59	42	132	90
5. Steuer	80	20	17	25	17
6. übrige	10	3	2	3	2
Summe 3 – 6	*481*	*99*	*78*	*178*	*126*
5. Zwischensumme aus 1 – 6	*2.162*	*597*	*477*	*570*	*518*
6. Zinserträge	80	20	17	25	17
7. Zinsaufw.					
kalk. Eigenkapitalzinsen (4/4)	37	8	8	13	7
Fremdkapitalzinsen	78	17	18	28	16
8. Zwischensumme aus 6 + 7	*35*	*4*	*9*	*15*	*6*
Summe	**2.197**	**601**	**486**	**585**	**525**

Erläuterungen, Zusammensetzung der sonstigen betrieblichen Aufwendungen

	Summe	A	B	C	D
Vertriebssonderkosten	20	9	3	3	5
Energiekosten	12	1	4	3	4
Instandhaltungskosten	6		1	5	
Post- und Telefongebühren	16	4	4	4	4
Rechts- und Beratungskosten	20			20	
Werbe- und werbeähnl. Aufwand	35	10	5	15	5
Reisekosten	2			2	
Geldverkehrskosten	10	3	3	2	
Büromaterialverbrauch	6	2	1	3	1
sonstige Aufwendungen	190	30	20	70	70
Schadensfälle	6		1	5	
Summe:	323	59	42	132	90

7. Zielverkaufspreisermittlung

Der Zielverkaufspreis ergibt sich aus den Einstandspreisen (Blatt 1), den Handlungskosten (Blatt 6), dazu Verpackungskosten, Frachtkosten und Provisionen, soweit diese nicht schon in die Ermittlung der Handelsspanne inkludiert sind.

Beachtung finden sollten noch besonders die Finanzierungskosten, die zwischen der Bezahlung des Bezugspreises und dem Erhalt der Bezahlung aus Verkaufsfakturierungen erfolgen. Hierunter fallen die zu finanzierenden Zeiträume für Vorauszahlungen (Akkreditiv-Vorlaufzeiten), Lieferzeit, Lagerhaltung, Zahlungszielgewährung.

Fröhlich GmbH
Handelskalkulation – Zielverkaufspreisermittlung (7)
alle Beträge in 1.000

Version: 0
Datum: 22. 10. 199X

	Summe Handel	davon für Ware oder Warengruppe			
		A	B	C	D
Einstandspreis	3.295	830	715	1.045	705
Handlungskosten	2.197	601	486	585	525
Verpackungskosten	80	20	30	20	10
Fracht	150	70	40	20	20
Provisionen	130	20	20	10	80
Finanzierung	110	20	30	40	20
Selbstkosten	5.962	1.561	1.321	1.720	1.360
Gewinnzuschlag in %:					
10	596	156	132	172	136
Zielverkaufspreis netto	**6.558**	**1.718**	**1.453**	**1.892**	**1.496**
Spanne (in % vom Einstandspreis):					
zu Selbstkosten	81	88	85	65	93
zu Zielverkaufspreis (»Handelsspanne«)	99	107	103	81	112

4. Kennzahlen

Die Erreichung der Ziele des Unternehmens wird mittels Kennzahlen überprüft, die dem Rechnungswesen entnommen werden. Kennzahlen ermöglichen die Beurteilung der Vermögens- und Kapitalstruktur, der Liquidität und der Rentabilität der Unternehmung.

4.1. Gewinn

Gewinn = Erträge – Aufwendungen

4.2. Wirtschaftlichkeit

$$\text{Ertragswirtschaftlichkeit} = \frac{\text{Erträge}}{\text{Aufwendungen}}$$

(Begriff der Gewinn- und Verlustrechnung)

$$\text{Kostenwirtschaftlichkeit} = \frac{\text{Leistungen}}{\text{Kosten}}$$

(Begriff aus der Betriebsabrechnung)

$$\text{Soll-Ist-Wirtschaftlichkeit} = \frac{\text{Soll-Kosten}}{\text{Ist-Kosten}}$$

4.3. Produktivität

$$\text{Produktivität} = \frac{\text{Mengenergebnis der Faktorkombination}}{\text{Faktoreinsatzmengen}}$$

Die Produktivität allein als Maßzahl ermöglicht keine Aussagen. Erst durch den Vergleich mit anderen Produktivitätskennzahlen, beispielsweise mit denen von ähnlich strukturierten Unternehmen oder aus früheren Perioden, erlangt die Kennzahl eine entsprechende Aussagekraft.

Nachteilig an der oben dargestellten Ermittlung der Produktivität ist, daß dem Produktionsprozeß viele Leistungsarten zugrunde liegen.

Deshalb ermittelt man *Teilproduktivitäten:*

$$\text{Materialproduktivität} = \frac{\text{Erzeugte Menge}}{\text{Materialeinsatz}}$$

$$\text{Arbeitsproduktivität} = \frac{\text{Erzeugte Menge}}{\text{Arbeitsstunden}}$$

$$\text{Betriebsmittelproduktivität} = \frac{\text{Erzeugte Menge}}{\text{Maschinenstunden}}$$

(Anstelle der Maschinenstunden kann auch die Maschinenanzahl oder Nutzfläche in die Gleichung eingesetzt werden)

4.4. Rentabilität

Die Rentabilität ist das Verhältnis des Periodenerfolges zu anderen Größen. Als einzelne Maßzahl führt sie zu keiner Aussage. Erst durch den Vergleich mit anderen Rentabilitätszahlen, beispielsweise der Rentabilität ähnlich strukturierter Unternehmen und/oder früherer Perioden, erlangt diese Kennzahl entsprechende Bedeutung.

Eine gute Wirtschaftlichkeit oder Produktivität läßt nicht unbedingt darauf schließen, daß auch die Rentabilität positiv zu beurteilen ist. Man denke an den Fall, daß unter günstigen Bedingungen produzierte Erzeugnisse auf dem Markt nicht absetzbar sind.

$$\text{Umsatzrentabilität} = \frac{\text{Erfolg} \times 100}{\text{Umsatz}}$$

$$\text{Eigenkapitalrentabilität} = \frac{\text{Erfolg} \times 100}{\text{Eigenkapital}}$$

$$\text{Gesamtkapitalrentabilität} = \frac{(\text{Erfolg} + \text{Fremdkapitalzinsen}) \times 100}{\text{Gesamtkapital}}$$

Rentabilität des betriebsnotwendigen Kapitals =

$$= \frac{(\text{Erfolg} + \text{Fremdkap.-zinsen für betriebsnotw. Fremdkap.}) \times 100}{\text{Gesamtkapital}}$$

Beispiel: Die Maschinen GmbH hat ein Stammkapital von DM 1 Mio. und Fremdkapital in Höhe von DM 0,6 Mio., das mit sechs Prozent verzinst wird. Das Fremdkapital dient zu 75 Prozent betriebsnotwendigen Zwecken. Der Gewinn der Maschinen GmbH beträgt für die Rechnungsperiode DM 80.000,– bei einem Umsatz von DM 3,33 Mio.

Rentabilität des betriebsnotwendigen Kapitals:

$$\frac{(80.000 + [600.000 \times 0,75 \times 0,06]) \times 100}{1.000.000 + 600.000 \times 0,75} = 7.38\%$$

Umsatzrentabilität:

$$\frac{(80.000) \times 100}{3.300.000} = 2,42\%$$

Eigenkapitalrentabilität:

$$\frac{(80.000) \times 100}{1.000.000} = 8\%$$

Gesamtkapitalrentabilität:

$$\frac{(80.000 + [600.000 \times 0,06]) \times 100}{1.600.000} = 7,25\%$$

4.5. Liquidität

Als **Liquidität** bezeichnet man die Fähigkeit eines Betriebes, seinen fälligen Verbindlichkeiten unter der Voraussetzung des reibungslosen Ablaufs des Betriebsprozesses nachzukommen. Die Liquidität muß ständig zu allen Zeitpunkten vorhanden sein, mindestens aber im Falle einer Liquiditätslücke innerhalb kurzer Zeit (Insolvenzanmeldefrist) wieder hergestellt werden können (dynamische Liquidität). Liquidität nur am Bilanzstichtag genügt nicht.

Zahlungsunfähigkeit ist das auf dem Mangel an Zahlungsmitteln beruhende dauernde Unvermögen des Unternehmens, seine fälligen Geldschulden zu erfüllen. Der in diesem Buch sehr ausführlich behandelte Finanzplan ist jenes Mittel der vorausschauenden Planung, das von vornherein verhindern soll, daß ein Unternehmen der Gefahr einer Zahlungsunfähigkeit ausgesetzt ist.

$$\frac{\text{Zahlungsmittel}}{\text{kurzfristige Verbindlichkeiten}} = \textbf{I. Grad}$$

$$\frac{\text{kurzfristiges Umlaufvermögen}}{\text{kurzfristige Verbindlichkeiten}} = \textbf{II. Grad}$$

$$\frac{\text{gesamtes Umlaufvermögen}}{\text{kurzfristige Verbindlichkeiten}} = \textbf{III. Grad, Working Capital}$$

Die **Verschuldung** eines Unternehmens ist das Verhältnis von Vermögen (Aktivseite der Bilanz) zu den Verbindlichkeiten gegenüber Dritten (Banken, Lieferanten etc., Passivseite der Bilanz). Sind die Schulden höher als die Aktiva, so liegt eine Überschuldung vor.

Ein **Insolvenzgrund** ist gegeben, wenn bei einem Einzelunternehmen oder einer Personengesellschaft eine Zahlungsunfähigkeit vorliegt. Bei einer Kapitalgesellschaft ist entweder Zahlungsfähigkeit oder Überschuldung Anlaß für eine Insolvenz.

Die Judikatur und Gesetzgebung in den deutschsprachigen Ländern betreffend die »Überschuldung« ist nicht einheitlich bzw. ändert sich laufend. So wird einerseits sehr statisch gehandhabt, andererseits kann durch eine »positive Fortbestehensprognose« (dynamischer Überschuldungsbegriff) die Insolvenz auch vermieden werden. Im Fall des Vorliegens einer Überschuldung ist jedenfalls die sofortige Kontaktierung eines einschlägigen Beraters dringend angeraten, um den gesetzlichen Bestimmungen im jeweiligen Land nachzukommen.

Die Feststellung der Liquidität und des Verschuldungsausmaßes können mittels der Formblätter auf den Seiten 252 und 253 dargestellt werden.

Das Beispiel zeigt, daß das Unternehmen weder zum Stichtag der unterjährigen Ermittlung noch am Jahresende überschuldet ist. Es besteht allerdings zum Stichtag eine Lücke im Liquiditätsgrad I, was bedeutet, daß das Unternehmen Maßnahmen setzen muß, um diese Lücke zu beseitigen. Im konkreten Fall wird daher ein Abbau des Umlaufvermögens (Sonderabverkauf von Handelswaren) geplant, und es kann dadurch die volle Liquidität wieder hergestellt werden.

Es folgen nun die Formblätter »Liquiditätsvorschau« und »Schulden/Vermögen«.

Liquiditätsvorschau

in 1.000	Version: 0 erstellt am 20. 6. 199X	**Stichtag**		**in 60 Tagen**	
flüssige Mittel		40.800			38.600
Kassa		5.500			10.000
Bank 1	23.300		17.600		
Bank 2	5.400		3.200		
Bank 3	0	27.700	200		21.000
sonstige		7.600			7.600
kurzfristig realisierbare Forderungen		27.500			33.000
aus Lieferungen und Leistungen		21.000			24.000
von Gesellschaftern		6.000			6.000
FA Saldo		0			3.000
sonstige		500			0
kurzfristige Verbindlichkeiten		71.600			69.100
aus Lieferungen und Leistungen		22.000			21.000
Bank 1	15.000		21.000		
Bank 2	8.000		1.000		
Bank 3	2.000		5.000		
Bank 4	1.000	26.000	0		27.000
FA Saldo		7.600			5.700
SV Saldo		5.400			5.400
Stadtkassa Saldo		3.000			3.000
sonstige		7.600			7.000
Liquidität 1		**− 3.300**			**2.500**
Liquiditätsgrad 1		**0,954**			**1,036**
kurzfristig realisierbarer sonstiger Umlauf		30.500			8.000
Waren 1		10.000			3.000
Waren 2		13.000			3.000
Waren 3		7.500			2.000
Liquidität 2		**27.200**			**10.500**
Liquiditätsgrad 2		**1,380**			**1,152**
langfristig realisierbare Forderungen		17.300			17.500
aus Lieferungen und Leistungen		13.800			13.000
von Gesellschaftern		0			1.000
sonstige		3.500			3.500
langfristig realisierbarer sonstiger Umlauf		9.800			9.800
Waren 1		5.500			5.500
Waren 2		3.800			3.800
Waren 3		500			500
Liquidität 3		**54.300**			**37.800**
Liquiditätsgrad 3		**1,758**			**1,547**

Schulden/Vermögen

in 1.000	Version: 0 erstellt am 20. 6. 199X	Stichtag		am Jahresende	
Vermögen		**125.900**		**112.500**	
flüssige Mittel		40.800		46.000	
Kassa		5.500		3.000	
Bank 1	22.300		21.000		
Bank 2	5.400		2.000		
Bank 3	0	27.700	1.000	24.000	
sonstige		7.600		1.500	
Forderungen		44.800		30.000	
aus Lieferungen und Leistungen		34.800		25.000	
von Gesellschaftern		6.000		0	
FA Saldo		0			
sonstige		4.000		5.000	
sonstiges Umlaufvermögen		40.300		36.500	
Waren 1		15.500		9.500	
Waren 2		16.800		12.000	
Waren 3		8.000		2.000	
sonstige				25.000	
Schulden		**94.600**		**78.400**	
aus Lieferungen und Leistungen		30.000		22.000	
Bank 1	15.000		27.000		
Bank 2	8.000		6.500		
Bank 3	2.000		2.000		
Bank 4	1.000	41.000	1.000	36.500	
FA Saldo		7.600		3.000	
SV Saldo		5.400		5.400	
Stadtkassa Saldo		3.000		2.500	
sonstige		7.600		9.000	
Saldo		**31.300**		**34.100**	

4.6. Cash-flow

Der Cash-flow bezeichnet eine Kennziffer über den Mittelzufluß aus dem Umsatzprozeß – die innerhalb einer Rechnungsperiode erwirtschafteten Mittel, errechnet aus dem Periodengewinn. Zum Gewinn werden die Aufwendungen, denen keine Auszahlungen gegenüberstehen (zum Beispiel Abschreibungen), addiert; abgezogen werden Erträge, denen keine Einzahlungen gegenüberstehen (zum Beispiel Rücklageauflösung).

Die Cash-flow-Kennziffer wird vielfach, vor allem im angloamerikanischen Wirtschaftssystem, als *die* Kennziffer schlechthin zur Messung des Unternehmenserfolgs angesehen.

$$
\begin{aligned}
&\text{Gewinn} \\
&\pm \text{ Saldo aus Rücklagen} \\
&+ \text{ Abschreibungen} \\
&\underline{+ \text{ Pauschalwertberichtigungen}} \\
&= \text{Cash-flow}
\end{aligned}
$$

4.7. Sonstige

Lagerumschlagshäufigkeit

$$
\frac{\text{Wareneinsatz}}{\text{durchschnittliche Lagermenge an Vormaterialien}}
$$

$$
\frac{\text{Umsatz}}{\text{durchschnittliche Lagermenge an Fertigprodukten}}
$$

Kreditgewährungsdauer

$$\frac{\text{Außenstände} \times 365}{\text{Umsatz}}$$

$$\frac{\text{Verbindlichkeiten} \times 365}{\text{Gesamtzukauf}}$$

Verbindlichkeiten/Eigenkapitalverhältnis

$$\frac{\text{Gesamtverbindlichkeiten}}{\text{Eigenkapital}}$$

Overheadkostenanteil

$$\frac{\text{Overheadkosten} \times 100}{\text{Produktionskosten}}$$

oder

$$\frac{\text{Overheadkosten} \times 100}{\text{Umsatz}}$$

Kapitel F

Übergreifende
Einzelthematiken
der Unternehmensführung

1. Investitionsrechnung

Investitionsrechnungen sind Rechenverfahren, deren Zweck es ist, festzustellen, ob ein Investitionsobjekt der *Zielsetzung* des Investors entspricht und welches von mehreren Investitionsobjekten die Zielsetzung *am besten* erfüllt: Es wird somit die Vorteilhaftigkeit einer konkreten Investition ermittelt.

Verfahren der Investitionsrechnung sind:

● Kostenvergleichsrechnung pro Periode
● Kostenvergleichsrechnung pro Leistungseinheit
● Gewinnvergleichsrechnung
● Kapitalwertmethode
● Annuitätenmethode
● Methode des internen Zinsfußes

Die ersten vier genannten Verfahren sind am gebräuchlichsten und sollen hier dargestellt werden. Die einzelnen Verfahren kommen nicht alle zum gleichen Ergebnis. Es empfiehlt sich daher, zumindest zwei Verfahren für die Prüfung einer Investitionsentscheidung heranzuziehen, und in der Letztbeurteilung der Investition auch alle Parameter/Annahmen zusätzlich zu werten, die zu den jeweiligen Ergebnissen führten. Ausschließlich *ein* Rechenverfahren allein heranzuziehen, kann zu Fehlentscheidungen führen.

1.1. Kostenvergleichsrechnung pro Periode

Die Kosten, die jeweils für zwei Investitionsobjekte in einem Jahr entstehen, werden einander gegenübergestellt.
Die Maschine 1 hat Anschaffungskosten von 2 Mio., während die Maschine 2 solche von 1 Mio. hat. In beiden Fällen wird die wirt-

schaftliche (kalkulatorische) Nutzungsdauer mit zehn Jahren veranschlagt. Aus Anschaffungskosten und Nutzungsdauer errechnet sich die jährliche Abschreibung. – Die Gehälter und sonstigen Gemeinkosten (etwa für Wartung) sind in beiden Fällen gleich hoch. – Die sonstigen Fixkosten sind bei Maschine 1 höher, weil unterstellt wird, daß diese Maschine einen größeren Ersatzteilbedarf im Zuge der vorbeugenden Wartung besitzt. – Kalkulatorische Zinsen wurden mit fünf Prozent angenommen und entsprechend den Anschaffungskosten über die gesamte Nutzungsdauer gleichmäßig verteilt.

Die Lohnkosten, die im Betrieb entstehen (variable Kosten), sind (jeweils für die maximale Maschinenkapazität) bei Maschine 1 höher. Der Grund liegt in einer höheren Automatisation von Maschine 1 und daraus resultierenden Bedienungs- und Steuerungsvorteilen im Betrieb. Aus diesem Grunde sind auch die sonstigen variablen Kosten bei Maschine 1 geringer.

Summiert man die jährlich entstehenden Kosten, so stellt sich heraus, daß die Maschine 1 trotz eines doppelt so hohen Anschaffungspreises in ihren Kosten niedriger und daher in der Investition günstiger liegt.

Kostenvergleichsrechnung pro Periode

	Maschine 1	Maschine 2
Anschaffungskosten	2.000.000	1.000.000
Nutzungsdauer (Jahre)	10	10
Leistungsmenge	19.500	20.000

fixe Kosten

	Maschine 1	Maschine 2
Abschreibungen	200.000	100.000
Zinsen (5%)	50.000	25.000
Gehälter und Gemeinkostenlöhne	100.000	100.000
sonstige fixe Kosten	70.000	50.000
Summe der fixen Kosten	**420.000**	**275.000**

variable Kosten

	Maschine 1	Maschine 2
Löhne und Lohnnebenkosten	900.000	1.100.000
Material	1.900.000	2.000.000
sonstige variable Kosten	150.000	160.000
Summe der variablen Kosten	2.950.000	3.260.000

	Maschine 1	Maschine 2
gesamte Kosten	**3.370.000**	**3.535.000**

	Maschine 1	Maschine 2
Kostendifferenz	165.000	

$$\text{Zinsen:} \quad \frac{\text{Anschaffungskosten}}{2} \times \text{Zinssatz}$$

1.2. Kostenvergleichsrechnung pro Leistungseinheit

Die Kostenvergleichsrechnung pro Leistungseinheit findet dann Anwendung, wenn zwei Investitionsobjekte unterschiedliche Leistungen (Ausstoß) erbringen.

Im nachfolgenden Beispiel sollen die Kosten *pro Leistungseinheit* (in diesem Fall Stück) der beiden Maschinen einander gegenübergestellt werden.

Die Kostenermittlung erfolgte bereits bei der Kostenvergleichsrechnung pro Periode und wird nun um die unterschiedlichen Leistungsmengen ergänzt. Mit Maschine 1 können 19.500 Stück eines Gutes produziert werden, während es mit Maschine 2 voraussichtlich 20.000 Stück sein würden.

Die fixen und variablen Kosten, die jede Maschine im Jahr bei Produktion der vollen Kapazität verursachen würde, werden aus der »Kostenvergleichsrechnung pro Periode« übernommen. Die dort errechneten Gesamtkosten werden durch die Leistung der jeweiligen Maschine dividiert. Es ergibt sich daraus, daß trotz des höheren Ausstoßes von Maschine 2 dennoch die Maschine 1 kostengünstiger ist.

Kostenvergleichsrechnung pro Leistungseinheit

	Maschine 1	Maschine 2
Anschaffungskosten	2.000.000	1.000.000
Nutzungsdauer (Jahre)	10	10
Leistungsmenge	**19.500**	**20.000**
fixe Kosten/Stück		
	420.000/19.500 21,53	
	275.000/20.000	13,75
variable Kosten/Stück		
Löhne und Lohnnebenkosten		
	900.000/19.500 46,15	
	1.100.000/20.000	55,00
Materialkosten		
	1.900.000/19.500 97,43	
	2.000.000/20.000	100,00
sonstige variable Kosten		
	150.000/19.500 7,69	
	160.000/20.000	8,00
Summe variable Kosten/Stück	151,27	163,00
gesamte Kosten/Stück	**172,80**	**176,75**
Kostendifferenz		3,95

1.3. Gewinnvergleichsrechnung

Mittels der Gewinnvergleichsrechnung werden die voraussichtlichen *Gewinne* von alternativen Investitionsobjekten *ermittelt* und *einander gegenübergestellt.*

Das Beispiel baut auf den Angaben der Kostenvergleichsrechnung auf. Es wird zusätzlich unterstellt, daß die Erlöse der auf Maschine 1 und Maschine 2 gefertigten Erzeugnisse in beiden Fällen jeweils 400,–/Stück betragen, daß also die höhere Qualität von Maschine 1 vom Markt nicht honoriert wird.

Der Gewinn wird als Differenz zwischen den gesamten Erlösen und den gesamten Kosten ermittelt.

Als Ergebnis stellt sich in diesem Fall die Vorteilhaftigkeit von Maschine 2 heraus, was im Widerspruch zu den beiden vorangegangenen Investitionsrechenverfahren steht. *Es wird damit auch noch einmal dargestellt, daß eine Investitionsentscheidung sich auf mehrere Verfahren zu gründen hat.*

Da dieses Beispiel mit der maximal möglichen Kapazität gerechnet wurde, sollten weitere Untersuchungen mit der Annahme einer zum Beispiel nur achtzigprozentigen Kapazitätsauslastung durchgeführt werden. Auf diese Weise wird ein eventueller Rückgang der Auslastungsmöglichkeit der Maschine in die Entscheidung miteinbezogen.

Wesentlich für eine Entscheidung wird auch die Liquiditätssituation sein: Bei Anschaffung von Maschine 1 sind die momentan aufzubringenden Geldmittel doppelt so hoch. Müssen zur Finanzierung der Maschine 1 teure Fremdmittel aufgenommen werden, wird eventuell wegen der nur geringfügigen Vorteilhaftigkeit der Maschine 1 bei der Kostenvergleichsrechnung trotzdem die Maschine 2 angeschafft werden.

Gewinnvergleichsrechnung

			Maschine 1	Maschine 2
gesamte Kosten/Stück			172,80	176,75
Erlöse/Stück			400,00	400,00
gesamte Kosten/Jahr				
	Stück	19.500	3.369.600	
	Stück	20.000		3.535.000
gesamte Erlöse/Jahr				
	Stück	19.500	**7.800.000**	
	Stück	20.000		**8.000.000**
Gewinn/Jahr			4.430.400	4.465.000
Gewinndifferenz			34.600	

1.4. Kapitalwertmethode

Es werden alle einer Investition zuzurechnenden Einnahmen und Ausgaben mit einem *gegebenen Kalkulationszinsfuß abgezinst*. Das heißt, alle Ein- und Ausgaben werden auf *einen* Zeitpunkt bezogen. Eine Investition ist dann vorteilhaft, wenn der Kapitalwert mindestens null beträgt. Das heißt, die Summe aller auf die Gegenwart bezogenen Ausgaben ist nicht höher als die Summe der auf die Gegenwart bezogenen Einnahmen. Beim Vergleich mehrerer Alternativen ist das Anlagegut vorzuziehen, das den höchsten Kapitalwert hat.

Grundlage dieses Rechenverfahrens ist der *Barwert*, dessen Berechnung im folgenden dargestellt werden soll.

Der Barwert – auch Gegenwartswert – einer Einnahme oder Ausgabe ist der Wert, der sich durch *Abzinsung* ergibt. Mit seiner Hilfe kann festgestellt werden, welchen Wert eine oder mehrere Zahlungen zu Beginn der Betrachtungsperiode haben:

$$\text{Barwert} = Kn \times \frac{1}{(1 + i)^n}$$

$Kn = $ Kapital am Ende der Periode
$i \ = $ Kalkulationszinssatz

Beispiel:
Ein Betrag von DM 100.000,–, der am Ende des fünften Jahres zur Verfügung steht, hat bei einem Zinssatz von fünf Prozent zu Beginn folgenden Wert:

$$100.000 \times \frac{1}{(1 + 0.05)^5} = 100.000 \times 0{,}7835 = 78.350$$

Im Beispiel wird eine Investition in Höhe von 1 Mio. mit einer Nutzungsdauer von fünf Jahren angenommen. Bei den Einnahmen handelt es sich um die Nettoerlöse aus dem Verkauf der Produkte, die mittels der Maschine erzeugt werden. Sie sind in den einzelnen

Jahren unterschiedlich, weshalb die Kapitalwertmethode differenziertere Darstellungen als die Gewinnvergleichsrechnung ermöglicht.

Bei den Ausgaben handelt es sich um fixe und variable Kosten in den einzelnen Jahren. Die fixen Kosten sind jedoch ohne Abschreibungen und kalkulatorische Zinsen.

Rückfluß ist somit die Differenz zwischen Einnahmen und Ausgaben. Für den Rückfluß wird nun mittels der Barwertformel der Gegenwartswert am Beginn der Periode ermittelt. Die Summe der Rückflüsse minus dem Anschaffungswert ergibt nun den Kapitalwert der Investition. Da in diesem Beispiel der Wert positiv ist, kann die Investition als vorteilhaft bezeichnet werden.

Werden mehrere Investitionen mit dem gleichen Verfahren berechnet, so ist jene Investition günstiger, die den höheren Kapitalwert aufweist.

Kapitalwertmethode

Jahr	Einnahmen	Ausgaben	Rückfluß	Barwert
1	1.100.000	850.000	250.000	231.481
2	950.000	700.000	250.000	214.335
3	1.050.000	700.000	350.000	277.841
4	1.000.000	650.000	350.000	257.260
5	900.000	800.000	100.000	68.058

Summe	1.048.976

Anschaffungskosten (am Beginn des 1. Jahres)	1.000.000

Kapitalwert	**48.976**

Kapitalwert ist positiv!

2. Personalbedarfsplanung

Mittels des Formulars der Personalbedarfsplanung wird die für das Unternehmen erforderliche Personalanzahl und die Qualifikationsanforderungen ermittelt. Aus der Gegenüberstellung von erforderlichem und vorhandenem Personal resultieren die notwendigen Neueinstellungen oder Freisetzungen.

In der ersten Spalte sind die einzelnen Abteilungen anzuführen, abteilungsbezogen dann die erforderlichen Qualifikationen.

Zum angeführten Beispiel: Der bereits feststehende Abgang in der Planperiode ergibt sich aus der Pensionierung des Verkaufsleiters und muß daher ersetzt werden. Bei den Verkäufern ist aufgrund der geplanten Umsatzausweitung die Einstellung eines zusätzlichen Verkäufers notwendig. Bei den Schreibkräften wurde bereits ein Arbeitsvertrag mit einer neuen Schreibkraft geschlossen, die eine Kraft von nicht zufriedenstellender Qualifikation ersetzen soll.

Personalbedarf/Qualifikation auf Abteilungsebene

Blatt Nr.:   Datum:

Abteilung/Qualifikation	Ist-Stand per 1. 1. 199_	Abgang	Zugang	Ist-Stand per 31. 12. 199_	Soll-Stand per 31. 12. 199_	**Aktion** = Bedarf (+) = Freisetzung (−)

Personalbedarf/Qualifikation auf Abteilungsebene – Beispiel

Blatt Nr.:

Datum:

Abteilung/Qualifikation	Ist-Stand per 1. 1. 199_	Abgang	Zugang	Ist-Stand per 31. 12. 199_	Soll-Stand per 31. 12. 199_	Aktion = Bedarf (+) = Freisetzung (–)
Verkauf:						
Verkaufsleiter	1	1		0	1	+ 1
Verkäufer	3			3	4	+ 1
Schreibkräfte	2		1	3	2	– 1

3. Wirtschaftliche Bestellgröße

Für Zukäufe – Handelswaren, die zum Weiterverkauf dienen, und Vormaterialien, die in die Produktion einfließen – soll jene Bestellmenge ermittelt werden, bei der die Kosten insgesamt für das Unternehmen am niedrigsten sind.
Die Berechnung erfolgt nach folgender Formel:

$$\sqrt{\frac{2 \times K \times V}{L \times E}}$$

K = fixe Kosten der Beschaffung pro Order
V = jährlicher Verbrauch
L = Lagerungskosten in Prozent
E = variable Kosten des Gutes pro Mengeneinheit

Beispiel:

K = 2.500
V = 50.000 Stück
L = 10 Prozent
E = 20

Mit der Formel gerechnet ergibt es sich, daß eine Einzelbestellung von ca. 11.200 Stück die für das Unternehmen wirtschaftlichste Größe für Einzelbestellungen darstellt. (Betragen die Lagerhaltungskosten hingegen 20 Prozent, so reduziert sich die wirtschaftlichste Bestellgröße auf ca. 7.900 Stück.)

Bei den fixen Beschaffungskosten pro Order (K) sind unter anderem zu berücksichtigen:

● Interne Personalkosten, die für den Bestellvorgang unabhängig von der Höhe der Einzelbestellung anfallen

- Kommunikationskosten (Telefon, Telex, Fax, E-Mail)
- Sonstige interne Sachkosten, wie zum Beispiel Kosten der EDV pro Bestellvorgang
- Sonstige externe Kosten für einen Bestellvorgang, wie zum Beispiel die Kosten einer Abnahme oder Qualitätsüberprüfung durch Externe, fixer Anteil von Fracht- und Transportkosten etc.

Der jährliche Verbrauch wird mit jener Mengeneinheit definiert, mit der die Bestellung erfolgen soll (Stück, Liter etc.).

Die Lagerungskosten setzen sich aus den Lagerhaltungskosten (Lagerraum und Personalkosten des Lagerhandlings) und aus den Zinskosten während der Lagerdauer zusammen. Die Kosten werden als Prozentsatz vom Gesamtwert der Jahresmenge (Jahresmenge mal Einzelpreis) definiert.

Da die Höhe der Lagerungskosten wiederum von den jeweiligen Lagermöglichkeiten abhängen, die weitgehend gegeben sind und einer zu verändernden Menge nicht immer ebenso flexibel angepaßt werden können, muß die optimale Bestellmenge in Übereinstimmung mit den Lagermöglichkeiten stehen. So wird es im obigen Beispiel wirschaftlicher sein, anstelle der errechneten Menge von ca. 12.000 dennoch nur 10.000 auf Lager zu halten, wenn die Lagerkapazität nicht größer ist.

Als variable Kosten des Gutes pro Einheit werden die Kosten des Gutes selbst sowie sämtliche übrige variable Kosten (Fracht, Verpackung) für die Mengeneinheit definiert.

4. Der Euro und das Jahr 2000

Beide Ereignisse haben einen gravierenden wirtschaftlichen Aspekt für jedes Unternehmen, unabhängig von seiner Größe, und sie verlangen eine vorbereitende, rechtzeitige Reaktion. Es ist daher aus Aktualitätsgründen unverzichtbar, auch diese beiden Aspekte kurz zu behandeln. Beide Thematiken fallen nicht nur weitgehend zeitlich zusammen, sie überschneiden sich auch teilweise in ihren Lösungsansätzen, nämlich in Adaptionserfordernissen Ihrer EDV. Beide sind zudem vorerst mit zusätzlichen Kosten verbunden, die Sie in Ihrer Finanzplanung berücksichtigen müssen. Sie sollten auch vorausschauend Rückstellungen in Ihrer Bilanz für die in den nächsten Jahren zu erwartenden Kosten bilden.

4.1 Das Jahr 2000

Das BIOS von fast allen bis Anfang 1998 gekauften PCs soll angeblich nicht in der Lage sein, Programme jenseits des Jahres 2000 korrekt zu verarbeiten. Andere Quellen behaupten, dies sei Panikmache und man könne sich ein Update einfach aus dem Internet herunterladen. Dem halten Experten wiederum entgegen, es komme nicht nur auf das BIOS allein an, es seien vielmehr auch andere Elemente davon betroffen, nämlich das RTC (Real Time Clock) und das gesamte Betriebssystem sowie die systemnahe Software. Ein neues BIOS beseitige nicht das Problem eines untauglichen RTC. Die Diskussion der »Experten« setzt sich endlos fort.
Tatsache ist jedenfalls: Es ist dies ein Problem bisher einmaliger Dimension, zu dem niemand wirklich eine überzeugende Lösung anbieten kann. Ob es tatsächlich zu einem EDV-Fiasko kommt? Die Systemuhr versuchsweise auf den 31. 12. 1999 kurz vor Mitternacht vorzustellen und zu warten, was dann passiert, ist jedenfalls ein untauglicher Versuch einer Problemfeststellung.

Wenn Sie in Ihrem Unternehmen über einen Großrechner mit einer gängigen Software eines der bekannten großen Anbieter verfügen, dann sollten Sie sich rechtzeitig mit diesem in Verbindung setzen und eine Anpassung der Soft- und Hardware durchführen lassen. Versuchen Sie nach Möglichkeit, sich das einwandfreie Funktionieren bestätigen zu lassen und eine Pönalevereinbarung im Fall von Fehlfunktionen einer deswegen nicht funktionierenden Soft-/Hardware zu treffen.

Verfügen Sie in Ihrem Unternehmen über eine vernetzte PC-Anlage oder über Einzelplatzlösungen, so sollten Sie von Ihrem Lieferanten ein Update vornehmen lassen.

Es wird für Sie, selbst wenn Sie sich bisher nur als von aller Technik unbelasteter Anwender fühlten, notwendig sein, in einschlägigen Zeitschriften und Zeitungen die Diskussion darüber zu verfolgen und daraus Ihre Maßnahmen abzuleiten. Selbst renommierte Datenbanken, wie das erst 1994 erschienene Microsoft Access 2.0 sollen Zeitungsberichten zufolge nicht »Jahr-2000-fähig« sein. Microsoft hat unter www.microsoft/year2000/ eine eigene Webseite zu diesem Thema geschaffen. IBM bietet Test-Tools an.

Das Jahr 2000 erfordert aber nicht nur Ihr Handeln in bezug auf Ihre EDV, jeder elektronische Schaltkreis, in dem eine Datumsfunktion hinterlegt ist, ist davon betroffen. Das kann eine Maschine in Ihrer Produktion sein (selbst in einer CNC-Anlage ist eine Datumsfunktion verborgen) oder die gesamte Produktionssteuerung. Es können aber auch so »banale« Dinge sein wie die Zeitsteuerung der Außenbeleuchtung oder Liftfunktionen, Telefonfunktionen (zum Beispiel automatisches Einschalten des Anrufbeantworters) oder ein Mitarbeiter-Zeiterfassungssystem.

Klein- und Mittelstandsunternehmen haben diese Problematik bisher weitgehend ignoriert. Nicht umsonst denken die Versicherungsunternehmen bereits über die Haftungsfragen nach möglichen Schäden und über eventuelle Ausschlußklauseln nach.

4.2 Der Euro

Der Euro naht unwiderruflich für elf Staaten Europas (Belgien, Deutschland, Finnland, Frankreich, Holland, Irland, Italien, Luxemburg, Österreich, Portugal, Spanien).
Ab 1. 1. 1999 gelten unveränderbare Umrechnungsfaktoren des Euro zu jeder einzelnen Teilnahmewährung. Ab Anfang 2002 wird die Euro-Währung als Münze und Papiergeld in Umlauf gebracht, ab dem 1. 7. 2002 verlieren die nationalen Währungen in den Teilnehmerstaaten der Währungsumstellung ihre Gültigkeit, der Euro wird zur alleinigen Währung.

Ein Währungsrisiko aus der Veränderung der Wechselkurse dieser Währungen untereinander entfällt, damit verschwinden auch Hindernisse für viele kleine und mittlere Unternehmen, die bisher aus Scheu vor einem Wechselkursverlust oder den Transferkosten keine oder nur geringe Geschäftstätigkeit im Ausland entwickelten. Ein größerer Markt – elf Staaten Europas – wird damit zum »Heimmarkt«, im wirtschaftlichen Sinn gesprochen.

Ab wann die Preise in den Läden in Euro ausgezeichnet werden müssen oder eine doppelte Preisauszeichnung in der jeweiligen nationalen Währung und im Euro vorzunehmen ist, ist in EU-Ratsverordnungen etc. nicht festgelegt worden. In einzelnen Ländern gibt es dazu Branchenvereinbarungen, in anderen sieht die nationale Gesetzgebung eine frühere Preisauszeichnungspflicht oder gar eine Pflicht zu einer doppelten Preisauszeichnung vor.

Alle Verträge und sonstigen Vereinbarungen, die Sie in Ihrer nationalen Währung getroffen haben, behalten Ihre Gültigkeit, die Beträge werden gemäß dem festgesetzten Umrechnungsfaktor und den entsprechenden Rundungsregeln einfach in Euro umgerechnet.

Die Umstellung des Euro bedeutet Investitionen in zusätzliche Technik (zum Beispiel Kassen, Automaten), eine neue Preisauszeichnung, Umstellung von Buchhaltung, Berichtswesen und Controlling, Kosten für die Erschließung des neuen, erweiterten Heimmarkts, Mitarbeiterschulung und Kundeninformation. Das alles wird sich im Finanzplan als zu berücksichtigende Zusatzkosten niederschlagen. Und vorerst einmal bleibt nur die bloße Hoffnung eines Rückflusses von Erträgen, wenn dieser neue Heimmarkt von Ihnen auch entsprechend genutzt werden kann.

Die Frage des **Umstellungszeitpunktes** kann allein schon mangels von Erfahrungswerten wegen der Einmaligkeit des Ereignisses und der Vielzahl der davon betroffenen Länder und Menschen nicht einhellig und für alle Branchen allgemeingültig beantwortet werden. Die Meinung, bis zuletzt damit zuzuwarten sei am besten, teile ich nicht, denn einerseits kann Ihnen die Umstellung schon früher als Sie ursprünglich beabsichtigten aufgezwungen werden (zum Beispiel von Ihren Kunden und/oder Lieferanten), andererseits steigen sicher die Kosten für Beratung sowie Soft- und Hardware entsprechend an, wenn alle zusammen fünf Minuten vor zwölf rasch umsteigen wollen/müssen. Außerdem sollten die Mitarbeiter mit allen neuen Systemen frühzeitig vertraut sein. Fehler lassen sich ohne Zeitdruck einfacher und kostengünstiger beheben.

Einige Denkansätze sollen Ihnen bei Ihrer Entscheidung helfen:

- Bilden Sie in Ihrem Unternehmen eine Taskforce, die federführend für alle Umstellungsbelange zuständig ist.
- Nehmen Sie die Umstellung zeitlich gestaffelt vor, in Abhängigkeit von den Möglichkeiten Ihrer Finanzplanung.
- Adaptieren Sie die Software für Rechnungswesen, Berichtswesen und Controlling gemeinsam mit der »Jahr-2000-Umstellung«.
- Investieren Sie nichts mehr in Produkte, die nicht zugleich Euro- und »Jahr-2000«-sicher sind.
- Adaptieren Sie Ihre Hardware (etwa Ihre Kassen) ab dem Zeitpunkt, ab dem die Hersteller Produkte anbieten, die beide vorhin genannten Kriterien zugleich erfüllen.
- Prüfen Sie, ob Sie nicht anstelle der betreffenden Ersatzinvestitionen gleich eine Umstellung Ihres gesamten Geschäftsprozesses vornehmen sollen (so könnte zum Beispiel ein Handelsun-

ternehmen mit mehreren Filialen, das bisher über noch keine vernetzten Kassen verfügte, diese zugleich einführen). Die Änderung der Geschäftsprozesse kann aber auch eine Reorganisation Ihrer Verwaltung bedeuten und damit Kosteneinsparungen in diesem Bereich bewirken.

- Nützen Sie die Umstellung für Preisanpassungen, und werben Sie, wenn Sie Preisreduktionen damit verbinden können.
- Bereiten Sie rechtzeitig alle Kundeninformationen für den von Ihnen bestimmten Umstellungszeitpunkt vor.
- Bereiten Sie die doppelte Preisauszeichnung bzw. die des Euro entsprechend vor, setzen Sie sich bezüglich des Zeitpunkts dazu mit der Interessensvertretung Ihrer Branche in Verbindung.
- Schulen sie Ihre Mitarbeiter auf die Handhabung der neuen Systeme.
- Ändern Sie Ihre Unternehmensstrategie in bezug auf Absatz und Zukauf, aber auch hinsichtlich der bisherigen oder neuer Unternehmensstandorte. – Sie haben nicht nur größerc Kosten, sondern letztendlich auch größere Chancen.

5. Outsourcing, Teleworking

Die pauschal vorgefaßte Meinung, durch **Outsourcing** – das heißt durch die Auslagerung einzelner Unternehmensaktivitäten an darauf spezialisierte Unternehmen – sei in jedem Fall ein Einsparungseffekt gegeben, ist ebenso einseitig wie die gegenteilige Ansicht, daß durch eine Zunahme des Koordinierungsaufwandes die Kosten durch Outsourcing sicher steigen würden.

Bei der Beschreibung der Einzelelemente/Faktoren des Unternehmens ist dieses Thema bereits am Rande behandelt worden. Der Bezugsrahmen ist aber mittlerweile umfassend geworden, er könnte grundsätzlich alle Einzelelemente/Faktoren betreffen.

Eine Entscheidung, ob und welche Teilfunktionen eines Unternehmens »zugekauft« werden sollen, hängt ab von:

● Den alternativen Kosten der Eigenleistung im Gegensatz zu denen der zugekauften Leistung

● Den im Unternehmen vorhanden Fähigkeiten, diese Leistungen jetzt und in Zukunft zu erbringen

● Dem Stellenwert, den die einzelne Leistung für das Unternehmen besitzt (Kernkompetenz oder Nebenfunktion)

● Der Häufigkeit der Leistungsinanspruchnahme

Die häufigsten Outsourcing-Funktionen betreffen bisher meist das Rechnungswesen (oder Teilbereiche davon), Leistungen in der EDV, Transportfunktionen, Werbung etc., um nur einige zu nennen. Beispielsweise wird vor allem von kleineren Unternehmen die immer kompliziertere Lohnverrechnung zunehmend an Rechenzentren ausgelagert. Einen eigenen Lohnverrechner zu beschäftigen und dazu noch die EDV-Programme auf dem neuesten Stand zu halten, lohnt sich wirklich nur für größere Unternehmen. Ein EDV-Netzwerk wird heute selbst schon von Großunternehmen ausgelagert von darauf spezialisierten Unternehmen gewartet, daher wird es für kleinere Unternehmen noch kostengünstiger sein, diese Leistungen zuzukaufen. Transporte, als Nebenfunktion, sind ein ebenfalls weitverbreitetes Gebiet einer Auslagerung.

Die Möglichkeiten eines Outsourcing und damit auch die erzielbaren Einsparungseffekte weiten sich aber in dem Maße ständig aus, in dem die Spezialanforderungen in diesen Gebieten zunehmen. So werden Wartungen spezieller Anlagen nicht mehr der eigenen Werkstätte übertragen – externe Unternehmen, die darauf spezialisiert sind, können sie kompetenter und kostengünstiger erbringen. Outsourcing betrifft mittlerweile auch Bereiche wie die Konstruktion, die Planung, Leistungen in der Finanzierungsberatung und im Controlling.

Gleichzeitig mit dem Outsourcing findet eine rasante Entwicklung des **Teleworking** statt. Die Arbeitsplätze der auf diese Art Beschäftigten befinden sich entweder zu Hause oder auch in Teleworking-Zentren – unabhängig davon, ob diese Funktionen als »selbständige Tätigkeiten« ausgeübt werden oder die Mitarbeiter in einem Arbeitsverhältnis zu Ihrem Unternehmen bleiben. Die EDV-Vernetzung, Intranet und Internet, machen dies möglich.

Kosten sparen Sie auch damit, daß Sie bei einer Unternehmensausweitung diese Arbeitsplätze nicht innerhalb Ihres Unternehmens einrichten müssen. Sie gewinnen mehr Flexibilität in der Beschäftigung, die Mitarbeiter in ihrer freieren Zeiteinteilung. Eine rasante Entwicklung auf diesen Gebieten zeichnet sich jedenfalls ab, wohin und in welchem Ausmaß die Entwicklung gehen wird, läßt sich noch nicht genau abschätzen.

---

*

Viel Erfolg mit Ihrem Unternehmen!

Sie wollen diesen Erfolg,
was auch immer Erfolg für Sie bedeuten mag.

Wir alle wollen *Ihren* Erfolg, weil wir nur damit
auch *unseren eigenen* Erfolg sicherstellen können.

*

Literaturverzeichnis

Bleicher, Knut: Chancen für Europas Zukunft, Gabler
Blohm, Hans/Lüder, Klaus: Investition, Vahlen

Dunst, Klaus H: Portfolio Management, de Gruyter

Eisele, Wolfgang: Technik des betrieblichen Rechnungswesens, Vahlen
Erber, Josef: ABC des Insolvenzrechts, Linde

Fäßler, Klaus/Rehkugler, Heinz/Wegenaust, Claudius: Lexikon der
  Kostenrechnung und des Controlling, Verlag Moderne Industrie
Frick, Wilhelm: Bilanzierung nach der Rechnungslegungsreform,
  Ueberreuter

Gälweiler, A.: Strategische Unternehmensführung, Campus
Giles, G. B: Marketing, MacDonald and Evans
Gouillart, Francis J/Kelly, James N.: Business Transformation,
  Ueberreuter
Grill/Kaschewski/König: Strategische Unternehmensplanung, AIT
Grote, Andreas: Das Portfolio-Praxisbuch, Markt und Technik

Hamel, Gary/Prahalad, C. K.: Wettlauf um die Zukunft, Ueberreuter
Hax/Majluf: Strategisches Management, Campus
Hentze, Joachim: Personalwirtschaftslehre, Band 1 + 2, UTB Haupt
Henzler, Herbert A.: Handbuch Strategische Führung, Gabler
Hill, Wilhelm: Marketing I und II, UTB Haupt,
Hinterhuber, Hans H. : Strategische Unternehmensführung, Band 1 und 2,
  de Gruyter
Holzhammer, Richard: Insolvenzrecht, Springer

Karollus, Martin: Die Fortbestehensprognose im Rahmen der Über-
  schuldungsprüfung, Linde
Kreilkamp, Edgar: Strategisches Management und Marketing,
  de Gruyter

Mosnik, Rudolf/Nowotny, Heinz/Scholze, Schristof:
  Liquiditätsmanagment mit Methode, Campus

Müller, Michael: Eigenkapitalersatz und Insolvenzdiagnose, Manz

Olfert, Klaus/Steinbuch, Pitter A.: Personalwirtschaft, Kiehl
Olfert, Klaus: Finanzierung, Kiehl
Olfert, Klaus: Investition, Kiehl
Olfert, Klaus: Kostenrechnung, Kiehl

Peters, Thomas J./Watermann, Robert H.: Auf der Suche nach Spitzen-
leistungen, Verlag Moderne Industrie
Porter, Michael E.: Wettbewerbsstrategie, Campus
Pümpin, Cuno: Management strategischer Erfolgspositionen, Haupt
Pümpin, Cuno: Management der Unternehmensentwicklung, Campus

Radke, Magnus: Die große betriebswirtschaftliche Formelsammlung,
Moderne Industrie
Reichmann, Thomas: Controlling mit Kennzahlen und Management-
berichten, Vahlen

Schimke, Ernst/Töpfer, Armin (Hrsg.): Krisenmanagement und
Sanierungsstrategien, MI
Schönfeld, H. M.: Kostenrechnung I und II, Poeschel Verlag
Senge, Peter u. a.: The fifth Discipline, Brealy
Staehle, Wolfgang H.: Management, Vahlen
Steinbuch, Pitter A.: Organisation, Kiehl
»Strategie«, Band 1–3, Edition Harvardmanager

Toop, Alan: Große europäische Promotions, Ueberreuter

VDI Zentrum Wertanalyse, Hrsg: Wertanalyse, VDI

Weis, Hans Christian: Marketing, Kiehl
West, Alan: A Business Plan, Pitman
Wirtschaftsförderungsinstitut der Handelskammer, Hrsg.: Der Preis einer
Arbeitsstunde
Witt, Franz-Jürgen/Witt, Kerin: Controlling für Mittel- und Kleinbetriebe,
dtv
Wöhe, Günter: Einführung in die allgemeine Betriebswirtschaftslehre,
Vahlen

Ziegenbein, Klaus: Controlling, Kiehl

Stichwortverzeichnis

Stichwörter, die einen ganzen Abschnitt oder ein ganzes Kapitel betreffen, sind **halbfett** hervorgehoben.

Roland Bickmann / Marcus Schad

Der
Kunde
sitzt
nebenan

Kundenzufriedenheit
beginnt beim Mitarbeiter

- Die Macht der
  Unternehmenskultur
- Die Grenzen
  des Dienens
- Anforderungen der
  Informationsgesellschaft
- Fallbeispiele

UEBERREUTER

208 Seiten, Leinen mit
Schutzumschlag
ISBN 3-7064-0469-9

Roland Bickmann ist
selbständiger Unterneh-
mensberater in Hamburg
mit den Schwerpunkten
Corporate Identity, Cor-
porate Culture und ganz-
heitliche Unternehmens-
entwicklung; er ist Autor
mehrerer Buchpublikatio-
nen.
Marcus Schad gründete
das Sozialwissenschaft-
liche Institut Schad in
Hamburg. Der Schwer-
punkt seiner Beratung-
stätigkeit liegt im Bereich
der Kundenorientierung
von Organisationen.

Käufer, Kunden und Kollegen

Dieses Buch geht weit über die bisher
abgehandelten Aspekte der Kundenorientierung hinaus. Der Kundenbe-
griff wird neu definiert und ausge-
dehnt, beispielsweise auf Mitarbeiter
und Lieferanten. Kundenorientierung
ist eben weit mehr als Freundlichkeit
und Lächeln.
Die Autoren zeigen klassische Fehler-
quellen, geben konkrete Ratschläge
und demonstrieren, daß gesunder
Menschenverstand gefragt ist, daß
Führen auch Dienen heißt und die Unternehmensführung die Anforderungen der Informationsgesellschaft
nicht unterschätzen darf. Unternehmenskultur spielt dabei eine tragende
Rolle. Aber auch die notwendigen
Grenzen der Kundenorientierung sehen und benennen die Autoren ein-
deutig.

Überall im Buchhandel

Harry Holzheu

Wer nicht lächeln kann, macht kein Geschäft

Emotional Selling ®

180 Seiten, Leinen mit Schutzumschlag
ISBN 3-7064-0404-4

Harry Holzheu ist einer der bekanntesten Verkaufs- und Kommunikationstrainer in Europa. Über 20.000 Führungskräfte hat er bereits trainiert. Grundlage seiner Trainingsphilosophie ist der Aufbau langfristiger Kundenpartnerschaften auf der Basis gegenseitigen Vertrauens.

Harry Holzheu bei Ueberreuter

Harry Holzheu – einer der bekanntesten Verkaufs- und Kommunikationstrainer Europas, der sich auch durch Longseller wie „Natürliche Rhetorik" und „Ehrlich überzeugen" einen Namen gemacht hat – führt die von David Goleman ins Rampenlicht gestellte Emotionale Intelligenz in seinem Metier fort: Emotional Selling! Nicht nur was verkauft wird zählt, sondern wie es verkauft wird. Klassische Auswahlkriterien wie Qualität und Preis, ja sogar Verpackungen werden einander immer ähnlicher und erschweren die Auswahl. Eine positive Kundenbeziehung ist die Voraussetzung für ein gelungenes Geschäft und einen Folgeauftrag. Heutzutage kann der Kunde das Produkt oder die Dienstleistung kaum mehr „richtig" beurteilen und orientiert sich um so mehr an den Personen, die ihn beraten und denen er vertraut. Verständnis für die besonderen Bedürfnisse und Wünsche, Individualität und Freundlichkeit sind also als Wettbewerbsvorteil gefragt.

Emotional Selling ist „Verkaufen über Herz und Gefühl". Voraussetzung dazu ist die Fähigkeit, die eigenen Gefühle wahrzunehmen und richtig damit umzugehen, gleichzeitig die Gefühle des Kunden zu berücksichtigen und – wenn nötig – positiv zu verändern.

Überall im Buchhandel

Anton-Rudolf Götzenberger

Alleinerbe
Finanzamt

Fiskus contra letzter Wille

Aktuelles Erbschaftssteuerrecht
Nießbrauchsgestaltungen
Steueroptimales Testament
Mittelbare Schenkungen
Einspruch und Klage
Wohnsitzverlegungen
Gebührensätze der Nachlaßgerichte

264 Seiten, Paperback
ISBN 3-7064-0394-3

*Anton-Rudolf Götzen-
berger* aus München ist
als Wirtschaftsjournalist
und Fachbuchautor für
Steuerrecht, Erbfolge-
und Vermögensplanung
sowie für internationale
Geld- und Kapitalanlage
tätig. Er wirkt als Fachre-
ferent auf internationalen
Kapitalanlage- und
Steuer-Fachseminaren
mit. Zu seinen Erfolgs-
titeln zählen u. a. die
Bücher „Schwarzgeld-
Anlage in der Praxis",
„Optimale Vermögens-
übertragung" und
„Diskrete Geldanlagen".

Wenn's um Geld geht –
Götzenberger

Der Fiskus kann einem die Freude am
Erben schnell verderben – wenn man
die Vermögensübertragung nicht mit
Hilfe juristischer Gestaltungsmöglichkeiten an den Steuerfallen vorbei-
manövriert.
Dieser populäre Ratgeber berät Sie
verständlich und klärt über die notwendigen Gesetzesgrundlagen sowie
über die Fallgruben des Paragra-
phen-Dschungels auf. Der Leser er-
hält wichtige Tips zur richtigen Abfas-
sung eines steueroptimalen Testa-
ments, zur Schenkung und zur vorzei-
tigen Vermögensübertragung unter
Nießbrauchsvorbehalt, um den Zugriff
des Finanzamts auf sein Erbvermö-
gen moderater ausfallen zu lassen.
Götzenberger stellt zusätzlich die bri-
santesten Praxisfälle dar, mit denen
sich die deutschen Finanzgerichte
und der Bundesfinanzhof in den vergangenen Jahren auseinandersetzen
mußten. Hinter diesen 47 Erbschafts-
und Schenkungsfällen stehen echte
Schicksale, die mit Hilfe dieses Buches hätten vermieden werden können. Der Autor sagt Ihnen, wo sterben
noch billig ist und vermacht Ihnen das
nötige Wissen, um Ihr Erbe in die richtigen Hände zu legen.

Überall im Buchhandel